COLEÇÃO

GOVERNANÇA DE DADOS

I0002279

PALAVRAS E ABREVIATURAS PARA

GOVERNANÇA CORPORATIVA

Prof. Marcus Vinicius Pinto - Marcão

© Copyright 2025- Todos os direitos reservados.

As informações fornecidas neste documento são declaradas verdadeiras e consistentes, em que qualquer responsabilidade, em termos de desatenção ou de outra forma, por qualquer uso ou abuso de quaisquer políticas, processos ou orientações contidas nele é a responsabilidade única e absoluta do leitor.

Sob nenhuma circunstância qualquer responsabilidade legal ou culpa será mantida contra os autores por qualquer reparação, dano ou perda monetária devido às informações aqui contidas, seja direta ou indiretamente.

Os autores possuem todos os direitos autorais desta obra.

Questões legais

Este livro é protegido por direitos autorais. Isso é apenas para uso pessoal. Você não pode alterar, distribuir ou vender qualquer parte ou o conteúdo deste livro sem o consentimento dos autores ou proprietário dos direitos autorais. Se isso for violado, uma ação legal poderá ser iniciada.

As informações aqui contidas são oferecidas apenas para fins informativos e, portanto, são universais. A apresentação das informações é sem contrato ou qualquer tipo de garantia.

As marcas registradas que são utilizadas neste livro são utilizadas para exemplos ou composição de argumentos. Este uso é feito sem qualquer consentimento, e a publicação da marca é sem permissão ou respaldo do proprietário da marca registrada e são de propriedade dos próprios proprietários, não afiliado a este documento.

As imagens que estão aqui presentes sem citação de autoria são imagens de domínio público ou foram criadas pelos autores do livro.

Aviso de isenção de responsabilidade:

Observe que as informações contidas neste documento são apenas para fins educacionais e de entretenimento. Todos os esforços foram feitos para fornecer informações completas precisas, atualizadas e confiáveis. Nenhuma garantia de qualquer tipo é expressa ou implícita.

Ao ler este texto, o leitor concorda que, em nenhuma circunstância, os autores são responsáveis por quaisquer perdas, diretas ou indiretas, incorridas como resultado do uso das informações contidas neste livro, incluindo, mas não se limitando, a erros, omissões ou imprecisões.

ISBN: 9798312921250

Selo editorial: Independently published

Sumário

1 Prefácio.

*"O nome é em certo sentido a própria coisa;
dar nome às coisas é conhecê-las e apropriar-se delas;
a denominação é o ato da posse espiritual."*
Miguel Unamuno[1]

A informação é o ativo mais valioso da era digital. Empresas que sabem gerir, padronizar e estruturar seus dados estão um passo à frente em competitividade, segurança e tomada de decisão. Mas, para que isso aconteça, é fundamental garantir que os dados sejam organizados de maneira clara e padronizada. E tudo começa com a nomeação correta dos dados e um vocabulário controlado eficiente.

"Palavras e Abreviaturas para Governança Corporativa" é um guia essencial para aqueles que desejam aprimorar a qualidade dos dados em suas organizações, seja no setor corporativo, financeiro, público ou acadêmico.

Este livro não apenas explica os princípios fundamentais da padronização dos dados, mas também fornece diretrizes práticas para a nomeação adequada de elementos, reduzindo ambiguidades, inconsistências e problemas de interoperabilidade.

---

[1] Miguel de Unamuno foi um influente escritor e filósofo espanhol nascido em 29 de setembro de 1864, em Bilbau, e faleceu em 31 de dezembro de 1936, em Salamanca. Ele é uma das figuras de destaque da chamada Geração de 98, um grupo de escritores, poetas e pensadores que foram profundamente afetados pelas consequências morais e culturais da derrota da Espanha na Guerra Hispano-Americana de 1898.

1.1   Para quem este livro foi escrito?

Se você atua em gestão de dados, governança de informação, engenharia de dados, arquitetura de dados, business intelligence ou análise de dados, este livro foi escrito para você. Além disso, profissionais de TI, compliance, segurança da informação e cientistas de dados encontrarão nele um recurso indispensável para assegurar coerência e padronização em bancos de dados e sistemas corporativos.

No mundo corporativo, um erro simples de nomeação pode gerar inconsistências que afetam relatórios financeiros, impactam decisões estratégicas e comprometem a governança de dados. Por isso, este livro é essencial para qualquer profissional que deseja elevar seus conhecimentos em gestão e padronização de dados.

1.2   O que você vai encontrar neste livro?

Ao longo dos capítulos, abordamos desde os fundamentos teóricos até aplicações práticas sobre a nomeação de dados. Você aprenderá:

- O conceito de vocabulário controlado e seus benefícios;

- Regras e padrões para garantir coerência nos dados;

- Como estabelecer relações entre termos e evitar ambiguidades;

- Estratégias para nomeação de elementos de dados;

- Diretrizes práticas para padronização e redução de palavras;

- Diferenças entre abreviação, sigla e abreviatura e como aplicá-las corretamente;

- Casos reais de organizações que implementaram boas práticas de governança.

Além disso, você encontrará curiosidades, testes de conhecimento e um glossário detalhado para consulta rápida.

1.3   O que torna este livro essencial?

Governança de dados é um dos pilares da inteligência artificial, aprendizado de máquina e análise preditiva. Para que essas tecnologias alcancem seu potencial máximo, os dados precisam estar estruturados de forma precisa e padronizada.

Este livro apresenta metodologias atualizadas, incluindo padrões de nomenclatura que atendem aos desafios contemporâneos de Big Data, Data Lakes e Data Mesh.

A Coleção Governança de Dados: Seu Passaporte para o Futuro da Informação

Este livro faz parte da renomada coleção Governança de Dados, uma série criada para ajudar profissionais a dominar os principais conceitos da gestão da informação. Se você busca um diferencial competitivo no mercado, conhecer e aplicar boas práticas de governança de dados é essencial.

Um convite para sua transformação profissional

Entender a estruturação e padronização dos dados é mais do que um conhecimento técnico: é uma habilidade que pode transformar sua carreira. As organizações mais bem-sucedidas do mundo investem na qualidade dos dados como um diferencial estratégico. Profissionais que dominam essas técnicas estão entre os mais valorizados no mercado.

Agora, a oportunidade está em suas mãos. Vamos juntos nessa jornada rumo à excelência na governança de dados!

Prof. Marcão - Marcus Vinícius Pinto

Mestre em Tecnologia da Informação.
Consultor, Mentor, Palestrante e Escritor
sobre temas de Tecnologia da Informação,
Inteligência Artificial, Governança de Dados,
Arquitetura de Informação e Humanidades.

2   Vocabulário Controlado – Palavras e Abreviaturas.

Um vocabulário controlado é um conjunto organizado de termos e expressões previamente definidos que são usados para a indexação e recuperação de informações de uma maneira consistente e padronizada.

No coração deste sistema está a ideia de regularidade e previsibilidade na categorização e descrição de dados, documentos e outros tipos de informações, o que é fundamental para facilitar a busca e o acesso em sistemas de gerenciamento de informação, como bibliotecas digitais, repositórios de dados abertos e bancos de dados de organizações.

A principal característica de um vocabulário controlado é sua restrição deliberada na variação da linguagem. Isso é alcançado através do uso de termos específicos para descrever conceitos semelhantes de maneira uniforme, independentemente de quaisquer variações que esses conceitos possam ter na linguagem comum.

Por exemplo, um vocabulário controlado pode determinar que "mudança climática" seja o termo preferencial, mesmo que "aquecimento global" ou "climatologia" sejam frequentemente usados em discussões coloquiais ou em outros contextos.

Há vários tipos de vocabulários controlados, cada um adequado para propósitos distintos. Alguns dos mais comuns incluem:

- Listas de Termos Controlados: Simples coleção de termos preferenciais sem nenhuma informação adicional sobre relações entre eles.

- Tesauros: Provavelmente a forma mais conhecida, os tesauros incluem não apenas termos preferenciais, mas também sinônimos ou termos relacionados, e muitas vezes fornecem uma estrutura que mostra como os termos se relacionam uns com os outros hierarquicamente ou associativamente.

- Ontologias: Estas são ainda mais complexas que os tesauros, oferecendo uma modelagem detalhada das relações entre os termos, que podem incluir propriedades e especificações classificatórias.

- Taxonomias: Estruturas hierárquicas que organizam conceitos de forma descendente, do mais geral para o mais específico.

- Sistemas de Classificação: Estruturas que organizam informações em categorias e subcategorias, com base em um conjunto de princípios definidos, como a Classificação Decimal de Dewey usada em bibliotecas.

2.1   Vantagens do uso de vocabulários controlados.

A utilização de um vocabulário controlado traz consigo uma série de vantagens inerentes, sendo uma ferramenta poderosa para o aumento da eficiência e eficácia no gerenciamento e recuperação de informações. Este recurso, ao estabelecer um corpo comum de terminologia para indexação e busca, simplifica processos e cria condições para otimizar o fluxo de informações em diversos contextos.

Inicialmente, uma das principais vantagens do uso de um vocabulário controlado é a consistência que ele traz para sistemas de informação. Por padronizar a linguagem utilizada, torna-se mais fácil catalogar e recuperar documentos e dados.

Isto é particularmente importante para grandes organizações e bibliotecas digitais, onde a uniformidade dos termos usados para descrever conteúdo é crucial para manter a ordem e a facilidade de acesso.

A precisão é outra vantagem notável. Com um vocabulário limitado e preestabelecido, diminui-se o risco de erros e imprecisões no uso de terminologias que podem levar a resultados de busca inconsistentes.

Os usuários que procuram por informações específicas podem fazê-lo com a confiança de que a terminologia controlada os levará aos documentos e dados mais relevantes.

Do ponto de vista da economia de tempo, o vocabulário controlado também não pode ser subestimado. A eficiência na busca de informações é grandemente aprimorada quando usuários e sistemas automatizados "falam a mesma língua". Ao remover a necessidade de múltiplas buscas com variados termos sinônimos, usuários finais e administradores de sistema economizam um recurso valioso: tempo.

Esta regularidade terminológica beneficia também a interoperabilidade entre diferentes sistemas de informação. Na medida em que instituições diversas frequentemente colaboram e compartilham informações, a existência de um conjunto padronizado de termos é essencial para facilitar o intercâmbio de dados. Múltiplas plataformas e repositórios podem conectar-se e comunicar-se uns com os outros mais suavemente, contribuindo para a construção de redes de conhecimento mais integradas e acessíveis.

Ademais, o vocabulário controlado ajuda na manutenção e melhoria da qualidade dos dados ao longo do tempo. Atualizar e corrigir informações em grandes bancos de dados torna-se uma tarefa mais gerenciável quando há uma linguagem padronizada que serve como base. Isso torna as revisões mais sistemáticas e menos sujeitas a falhas humanas.

Há também uma consideração relevante no campo da aprendizagem de máquina e inteligência artificial. Algoritmos de classificação automatizada e motores de busca inteligentes beneficiam-se imensamente de conjuntos de dados com terminologia padronizada. O processamento de linguagem natural, por exemplo, torna-se mais preciso e eficaz quando os modelos são treinados com dados claramente definidos e consistentemente etiquetados.

O vocabulário controlado promove a inclusão e acessibilidade. Ao reduzir as barreiras linguísticas e técnicas, materiais de informação tornam-se mais acessíveis a um público mais amplo, inclusive a indivíduos que podem não ser especialistas no assunto em questão. Elimina-se a intimidação que a terminologia técnica ou acadêmica pode causar e abre-se a porta para um maior engajamento e compartilhamento de conhecimento.

Os vocabulários controlados são adotados em uma ampla variedade de campos e aplicações. Alguns exemplos notáveis incluem:

1. Bibliotecas: Usam vocabulários como o Library of Congress Subject Headings (LCSH) para catalogar e indexar livros e materiais. O Sistema de Classificação Decimal de Dewey é outro exemplo amplamente utilizado para organizar coleções.

2. Instituições de Saúde: Adotam o Medical Subject Headings (MeSH) para indexar artigos em bases de dados como PubMed.

3. Pesquisa Ambiental: O Integrated Taxonomic Information System (ITIS) é um exemplo de vocabulário controlado usado para padronizar a nomenclatura de espécies biológicas.

4. Normas Industriais: O North American Industry Classification System (NAICS) é usado para classificar estabelecimentos comerciais e industriais de acordo com o tipo de atividade econômica.

5. Geografia e Cartografia: O Getty Thesaurus of Geographic Names (TGN) é um vocabulário de nomes de lugares e características geográficas que fornece informações padronizadas para pesquisadores e cartógrafos.

6. Gestão de Conteúdo Digital: Plataformas de gerenciamento de conteúdo, como WordPress, podem usar taxonomias (um tipo de

vocabulário controlado) para categorizar e marcar conteúdo digital.

7. Inciativas de Dados Abertos: Governos e organizações podem utilizar vocabulários controlados como o SKOS (Simple Knowledge Organization System) para publicar e compartilhar dados governamentais de maneira padronizada.

8. Os vocabulários controlados são utilizados em diversas áreas e sistemas de informação. Aqui estão alguns exemplos reais:

9. MeSH (Medical Subject Headings): Utilizado pela National Library of Medicine dos EUA, o MeSH serve para indexar, catalogar e pesquisar literatura médica e biomédica.

10. Dublin Core: Um conjunto de metadados simples e padronizado para descrever recursos digitais, amplamente utilizado em bibliotecas e repositórios digitais.

11. LCSH (Library of Congress Subject Headings): Sistema de cabeçalhos de assunto utilizado para indexar materiais nas bibliotecas, estabelecendo maneiras padronizadas de descrever temas.

12. SNOMED CT (Systematized Nomenclature of Medicine—Clinical Terms): Compreensivo vocabulário clínico que cobre doenças, achados clínicos, procedimentos, microorganismos e drogas, utilizado principalmente na assistência à saúde.

13. Getty Vocabularies: Inclui o Art & Architecture Thesaurus (AAT), o Thesaurus of Geographic Names (TGN), e o Union List of Artist Names (ULAN), utilizados em museus, instituições de arte e arquivos para catalogação.

14. FOAF (Friend of a Friend): Vocabulário utilizado para descrever pessoas, suas atividades e suas relações com outras pessoas e objetos na internet.

15. Tesauro da UNESCO: Vocabulário controlado para informações relacionadas à educação, ciência, cultura e comunicação, utilizado por bibliotecas e instituições educacionais.

16. DDC (Dewey Decimal Classification): Sistema de classificação bibliográfica utilizado por bibliotecas ao redor do mundo para organizar livros e outros materiais.

17. OpenStreetMap: Utiliza um conjunto padronizado de tags para descrever características geográficas no seu projeto de mapeamento colaborativo.

18. ERPANET / ArchiSafe Thesaurus: Vocabulário destinado à comunidade de preservação digital, focado em documentos e registros arquivísticos.

19. INSPEC Thesaurus: Utilizado para indexação e busca no banco de dados INSPEC, cobrindo campos como física, engenharia elétrica, eletrônica, computação e tecnologia da informação.

20. EuroVoc: Tesauro multilíngue que cobre as atividades da União Europeia, amplamente utilizado em sistemas de gestão de informação das instituições europeias.

21. AGROVOC: Vocabulário controlado pela Organização das Nações Unidas para Agricultura e Alimentação (FAO) cobrindo todos os aspectos relacionados à agricultura.

22. CAS (Chemical Abstracts Service): Utiliza um vocabulário controlado de nomenclatura química para indexar e recuperar informações no campo da química.

Estes exemplos mostram que os vocabulários controlados são essenciais em uma ampla gama de campos, desde as ciências humanas até as ciências puras e aplicadas, e desempenham um papel fundamental na organização do conhecimento e facilitam a pesquisa e o compartilhamento de informações em escala global.

Na prática, trabalhar com um vocabulário controlado pode parecer restritivo para alguns usuários, especialmente aqueles que estão acostumados a expressar-se livremente em suas próprias palavras.

No entanto, na medida em que a necessidade de organizar e acessar grandes volumes de informação continua crescendo exponencialmente na era digital, o papel dos vocabulários controlados só tende a se tornar mais crítico. As instituições que os mantêm trabalham constantemente na sua atualização e refinamento, garantindo que eles permaneçam relevantes e úteis frente à evolução do conhecimento e da linguagem.

2.2   Regras e padrões de um vocabulário controlado.

A composição de um vocabulário controlado é regida por um conjunto de regras e padrões que garantem sua eficácia e eficiência. Abaixo estão algumas diretrizes comuns adotadas:

1. Consistência: Todos os termos devem seguir um padrão uniforme de formatação, seja em capitalização, gramática ou estilo. A consistência facilita a busca e a utilização dos termos.

2. Clareza e Precisão: Os termos devem ser claros e exatos, eliminando ambiguidades e interpretações múltiplas, o que significa escolher palavras que reflitam diretamente o conceito pretendido.

3. Não Ambiguidade: Evitar o uso de termos que possam ter múltiplos significados sem contexto adequado; se um termo puder ser

interpretado de várias formas, devem ser fornecidas definições claras.

4. Escopo de Termo Definido: Cada termo deve ter um escopo bem definido, com uma descrição detalhada ou definição que esclareça seu uso dentro do contexto do vocabulário controlado.

5. Termos Preferenciais e Não-preferenciais: Deve haver uma distinção clara entre termos preferenciais (usados para indexação e busca) e não-preferenciais (sinônimos ou variações que são direcionados ao termo preferencial).

6. Relações Entre Termos: Quando apropriado, o vocabulário deve mapear relações entre termos, indicando hierarquia (termos mais gerais versus mais específicos), equivalência (sinônimos ou quase sinônimos) e relações associativas (termos relacionados).

7. Revisão e Atualização: O vocabulário deve passar por revisões periódicas para garantir que ele permaneça atualizado com as mudanças no campo de conhecimento pertinente e incorporar novos termos conforme necessário.

8. Interoperabilidade: O vocabulário deve ser projetado de forma a ser compatível com outros sistemas e padrões, permitindo a integração entre diversas plataformas e domínios de conhecimento.

9. Documentação Adequada: Toda a metodologia de criação e manutenção do vocabulário, juntamente com as diretrizes para seu uso, deve ser devidamente documentada e acessível.

10. Inclusão de Metadados: Além dos próprios termos, o vocabulário controlado deve incluir metadados que descrevam cada termo, como sua fonte, a data de criação e a última modificação.

11. Cobertura Adequada: O vocabulário controlado deve ser abrangente o suficiente para cobrir todas as áreas temáticas relevantes para o domínio no qual será aplicado.

12. Flexibilidade: Enquanto a estrutura é importante, também deve haver espaço para acomodar exceções, novos termos emergentes e a capacidade de se adaptar a mudanças no uso da língua.

13. Acessibilidade: Deve ser fácil para os usuários acessarem, entender e usar o vocabulário controlado, contribuindo para uma experiência de usuário sem problemas.

14. Participação da Comunidade: Em muitos casos, a comunidade de usuários pode contribuir para a revisão e aprimoramento do vocabulário, trazendo experiência prática para seu desenvolvimento.

A implementação dessas regras e padrões varia de acordo com a disciplina e o caso de uso, mas eles oferecem uma base sólida para o desenvolvimento e a gestão de vocabulários controlados eficazes. Ao adotá-los, organizações podem esperar melhorar significativamente a qualidade e a utilidade de seus sistemas de informação.

Riscos potenciais.

O uso de vocabulários controlados é geralmente recomendado para melhorar a consistência e a precisibilidade na gestão da informação. No entanto, existem riscos e desafios potenciais a serem considerados:

1. Inflexibilidade: Vocabulários controlados tendem a ser rígidos. Eles podem não se adaptar rapidamente a mudanças na linguagem, na terminologia de uma disciplina ou nas práticas culturais, o que pode tornar a informação obsoleta ou menos relevante com o tempo.

2. Custo e Tempo para Desenvolvimento e Manutenção: Desenvolver e manter um vocabulário controlado é um investimento significativo. Requer recursos para atualização constante e garantia de que continue alinhado com as práticas atuais.

3. Limitação da Expressão Intelectual: Pode haver um trade-off entre a padronização da linguagem e a capacidade dos usuários de expressar nuances e especificidades. O vocabulário controlado pode impedir que os usuários descrevam itens de maneira tão precisa ou detalhada quanto desejassem, o que poderia potencialmente limitar a riqueza da descrição e indexação de conteúdo.

4. Barreiras de Adoção: Para organizações que já possuem grandes volumes de informações não estruturadas, a transição para um sistema com vocabulário controlado pode ser difícil e onerosa, e há o risco de que a falta de adesão por parte dos usuários limite sua eficácia.

5. Exclusão de Conceitos Marginais ou Emergentes: Vocabulários controlados podem não incluir termos mais recentes ou marginais, o que pode fazer com que conceitos emergentes ou especializados fiquem sub-representados.

6. Possível Viés e Exclusão: Vocabulários controlados podem refletir viés sociocultural e linguístico, excluindo ou marginalizando determinadas perspectivas ou comunidades. Isso pode ocorrer devido à falta de representatividade na criação do vocabulário ou à ênfase em uma perspectiva dominante.

7. Interoperabilidade Limitada: Quando utilizados em ambientes fechados ou sistemas proprietários, vocabulários controlados podem apresentar problemas de interoperabilidade com outras

plataformas ou sistemas que utilizam diferentes conjuntos de termos.

8. Dificuldades de Integração de Dados: Em contextos em que dados de diferentes domínios precisam ser integrados, o alinhamento de vocabulários controlados distintos pode ser complexo e problemático.

3   Relação Entre Termos.

As relações entre termos são um aspecto crucial quando se trata de construir e utilizar um vocabulário controlado eficaz. Essas relações ajudam a organizar e estruturar de forma precisa o conjunto de termos que compõem um determinado vocabulário, fornecendo informações valiosas sobre as conexões e associações entre eles.

A relação de sinônimos é de extrema relevância na construção de um vocabulário controlado. Sinônimos são palavras ou expressões que possuem significado semelhante ou igual, permitindo que sejam usados como substitutos uns aos outros sem alterar o sentido geral da frase. Essa relação é especialmente útil na comunicação, pois oferece aos falantes diversas opções de termos para expressar uma ideia ou conceito.

Essa relação é importante porque permite que diferentes termos sejam usados como alternativas uns aos outros, sem alterar o contexto ou o significado geral da mensagem. Por exemplo, as palavras "casa" e "residência" são sinônimos, pois se referem ao mesmo conceito.

Os sinônimos desempenham um papel crucial na escrita, possibilitando a variação vocabular e evitando a repetição excessiva de uma palavra específica. Além disso, eles permitem que os autores se expressem com maior precisão e fluidez, podendo adequar seu discurso ao público-alvo e ao contexto em que estão inseridos.

No exemplo citado, as palavras "casa" e "residência" são sinônimos, pois ambas se referem a um lugar onde alguém vive. Embora sejam termos distintos, eles compartilham uma semelhança conceitual que permite que sejam usados indistintamente em diferentes contextos. Por exemplo, podemos dizer "Minha casa é muito aconchegante" ou "Minha residência é muito aconchegante", ambas as sentenças transmitem a mesma ideia de que o local onde a pessoa vive é confortável.

No entanto, é importante ter em mente que nem sempre os sinônimos são perfeitamente equivalentes, pois podem apresentar nuances ou conotações diferentes. Por exemplo, as palavras "casa" e "lar" também são sinônimas, mas o termo "lar" carrega uma carga emocional e afetiva que vai além do simples conceito de habitação física. Portanto, a escolha entre sinônimos dependerá do contexto específico e da intenção do autor.

No campo da linguística e da elaboração de vocabulários controlados, a identificação de sinônimos é fundamental para a indexação e recuperação de informações. Ao considerar os sinônimos de um termo em um sistema de busca, é possível expandir os resultados relevantes, garantindo que palavras diferentes, mas com significados semelhantes, sejam consideradas.

Para identificar sinônimos, é importante realizar um trabalho cuidadoso de análise e comparação de palavras. Existem diferentes abordagens possíveis para essa identificação. Uma delas é a consulta de dicionários ou tesaurus, que são ferramentas que fornecem sinônimos e palavras relacionadas a um determinado termo. Essas fontes são úteis para encontrar termos alternativos que possam enriquecer o vocabulário controlado.

Outra abordagem é a consulta a corpora, que são grandes coleções de textos escritos em determinados idiomas. Ao analisar as ocorrências de palavras e seus contextos, é possível identificar quais termos são usados de maneira semelhante e, portanto, podem ser considerados sinônimos.

Além disso, o uso de tecnologias avançadas, como algoritmos de processamento de linguagem natural, pode facilitar a identificação de sinônimos de forma automatizada. Esses algoritmos podem analisar grandes volumes de texto e identificar relações semânticas entre palavras, ajudando a identificar sinônimos com base em seus padrões de uso e significado.

No entanto, é importante ter cuidado ao lidar com sinônimos, pois nem sempre eles são perfeitamente intercambiáveis. Mesmo que duas palavras sejam consideradas sinônimas, é possível que elas possuam diferenças sutis de significado ou uso em certos contextos. Portanto, é fundamental compreender essas nuances e utilizar os sinônimos com precisão, garantindo que transmitam a mensagem desejada.

Além disso, é importante identificar os hiperônimos e hipônimos de um termo. Hiperônimos são termos mais abrangentes, que denotam uma categoria ou conjunto maior ao qual o termo específico pertence.

Por exemplo, "fruta" é um hiperônimo de "maçã", pois "maçã" é uma subcategoria de frutas. Por outro lado, temos os hipônimos, que são termos mais específicos dentro de uma categoria. Por exemplo, "rosa" e "girassol" são hipônimos de "flores", pois são tipos específicos de flores.

Essas relações entre hiperônimos e hipônimos são essenciais para fornecer contexto e clareza na classificação e organização de termos em um vocabulário controlado. Além disso, elas ajudam no processo de recuperação de informações, permitindo que usuários naveguem pelas categorias hierárquicas e encontrem a informação desejada de maneira mais eficiente.

Ao construir um vocabulário controlado, é importante identificar e estabelecer essas relações entre os termos de forma consistente e precisa. Dessa forma, é possível criar uma estrutura hierárquica clara e coerente, que facilite a utilização e compreensão do vocabulário por parte dos usuários.

É importante ressaltar que a identificação e estabelecimento dessas relações exigem um trabalho cuidadoso de análise e categorização dos termos. É possível utilizar diferentes técnicas e abordagens para identificar essas relações, desde a análise manual até o uso de ferramentas de processamento de linguagem natural e algoritmos de aprendizado de máquina.

Um vocabulário controlado bem construído leva em consideração não apenas as relações entre os termos, mas também as suas definições, contextos e variantes linguísticas. Ele proporciona uma base sólida para a indexação e recuperação de informações, seja em um sistema de busca, em um banco de dados ou em diversas áreas como a ciência da informação, a catalogação de materiais ou a organização de vocabulários específicos em domínios especializados.

Além disso, as relações entre termos também podem ser utilizadas para enriquecer a compreensão de textos e aprimorar sistemas de processamento de linguagem natural. Por exemplo, em sistemas de busca, um sinônimo identificado através das relações entre termos pode ajudar a ampliar os resultados relevantes, mesmo que o termo exato não esteja presente na consulta realizada pelo usuário.

4   Nomeação de Elementos de Dados.

A arquitetura de um sistema de informação é ofuscada por inúmeras camadas de complexidade, mas nenhum aspecto é tão vital para a sua funcionalidade quanto a estrutura que mantém seus dados em ordem e acessíveis: o Modelo de Dados.

Há que se entender que os elementos de dados são as unidades fundamentais dessa estrutura - são os tijolos que edificam o vasto edifício do conhecimento dentro de uma organização. Esses elementos vão desde simples campos em um banco de dados, como uma data de nascimento em um registro de cliente, até estruturas mais complexas, como as tabelas que armazenam transações financeiras.

Um atributo representa alguma propriedade do elemento de dados que está sendo modelada. Geralmente o nome de um atributo é um substantivo, ou uma expressão que representa alguma propriedade da estrutura de dados correspondente.

Devido à importância da nomeação de atributos a ISO - International Organization for Standardization - desenvolveu um padrão para formação de nomes: ISO-IEC–111792.

---

[2] **Empresa Internacional para Padronização** (*International Organization for Standardization - ISO*) é uma empresa internacional que aglomera as iniciativas de padronização/normalização de 148 países. O ISO aprova normas internacionais em todos os atributos técnicos, exceto na eletricidade e eletrônica. A ***International Electrotechnical Commission*** (**IEC**) é uma empresa internacional de padronização de tecnologias elétricas, eletrônicas e relacionadas. Alguns dos seus padrões são desenvolvidos juntamente com a ISO.

O nome de um elemento de dados é composto por palavras que caracterizam o conteúdo nele armazenado. Cada uma destas palavras é chamada de componente semântico, pois são palavras que atribuem significado parcial ou total ao elemento nomeado.

Observar que uma palavra é qualquer vocábulo utilizado na língua corrente. Deve-se evitar o uso de jargão ou de palavras raras. Exemplo de bons componentes semânticos são as palavras pagamento, tributo, conta, débito, devido, total, inicial, contratar, emitir e atualizar.

Nomes ou identificadores, por sua vez, são mais do que meras etiquetas aplicadas arbitrariamente a esses elementos de dados. São eles que conferem sentido e contexto dentro do universo informacional em que são aplicados.

Cada nome é escolhido com o propósito de refletir claramente o conteúdo e a finalidade do dado a que está associado. Assim, um identificador pode ser tão simples quanto uma sigla, como "CPF" para "Cadastro de Pessoa Física", ou uma combinação mais complexa de palavras, como "dataDeEmissaoFatura", que ilustra de maneira autoexplicativa o dado a que se refere.

Mas a definição de nomes no Modelo de Dados é uma tarefa que transcende a mera atribuição de rótulos. Os nomes devem ser elaborados com base em uma regra de formação sistematizada, o que significa seguir uma lógica de nomenclatura que seja consistente, intuitiva e escalável. Esse sistema de nomeação deve ser suficientemente robusto para acomodar novos dados conforme o sistema evolui, sem comprometer a clareza e a capacidade de gerênciamento.

Essas regras de formação são fundamentais no design e na manutenção de bancos de dados. Elas proporcionam uma base para a padronização que, por sua vez, assegura que qualquer pessoa - seja um novo funcionário, um desenvolvedor de sistemas externo ou um analista de dados - possa entender e navegar pelo modelo com relativa facilidade.

Além disso, as regras ajudam a evitar ambiguidades e redundâncias, que poderiam levar a erros de interpretação ou a conflitos de dados.

Um sistema de nomenclatura bem estruturado para nomes de elementos de dados beneficia todos os aspectos do trabalho com dados, desde a entrada de dados e o desenvolvimento de aplicações até a análise de dados e a tomada de decisões com base nesses dados.

Na prática, a adoção de um padrão sólido para identificadores implica não apenas em consistência, mas também em eficiência operacional. Processos automatizados, como a inserção de dados e a geração de relatórios, são grandemente facilitados por essa uniformidade.

Por exemplo, em uma organização que emprega um sistema de CRM (Customer Relationship Management), os nomes dos elementos de dados, se padronizados corretamente, permitem que quando um membro da equipe insira informações de contato de um cliente sob "emailPrincipal", todos os outros sistematicamente saberão encontrar e utilizar essa informação sem confusão.

Os atributos podem ser simples, compostos, multivalorados ou determinantes.

Cada um apresenta particularidades, dentre as quais podemos citar:

4.1   Atributo Simples ou Mono valorado.

Dentro dos sistemas de modelagem de dados, é essencial entender a caracterização dos diferentes tipos de atributos que podem ser associados a entidades. Um dos tipos fundamentais de atributo é o "Atributo Simples" ou "Monovalorado".

Este é um tipo de atributo que é concebido para armazenar uma única informação ou valor para uma instância[3] específica de uma entidade[4].

A simplicidade deste tipo de atributo está justamente na sua natureza singular. Ao contrário dos atributos multivalorados, que podem conter vários valores para uma única entidade (pense em um campo de telefone onde uma pessoa pode ter vários números), um atributo monovalorado mantém-se limitado a uma única peça de dados concretos e indivisíveis.

---

[3] Num contexto de bancos de dados e modelagem de dados, uma instância é uma ocorrência única de um objeto ou entidade dentro de um conjunto de dados. Se considerarmos o exemplo de uma tabela chamada "Clientes" em um banco de dados de uma loja, cada linha desta tabela representaria uma instância de um cliente, contendo dados específicos, como nome, endereço e número de telefone, que diferenciam um cliente de outro. Em termos mais gerais, uma instância é uma realização concreta de uma entidade que segue a estrutura definida pelo modelo de dados, preenchendo os atributos com valores reais e específicos.

[4] Em bancos de dados e na modelagem de dados, uma "entidade" refere-se a um objeto ou conceito do mundo real que pode ser claramente identificado e sobre o qual são armazenadas informações. Uma entidade é tipicamente representada por uma tabela no contexto de um banco de dados relacional.

Além disso, o atributo simples é não-chave, o que significa que ele não é utilizado para identificar de maneira única uma instância da entidade dentro do conjunto de dados. Por exemplo, em uma base de dados de clientes, o atributo "CPF" seria considerado uma chave, pois serve para identificar unicamente cada cliente na base de dados.

No entanto, um atributo como "número de ordem" em uma tabela de pedidos, embora único para cada pedido, não serve para identificar unicamente um cliente e, portanto, é considerado um atributo simples não-chave.

Outro exemplo desse tipo de atributo é o "valor a pagar" em uma fatura. Cada fatura terá o seu próprio valor a pagar, único para essa transação, refletindo o montante devido de acordo com os serviços prestados ou produtos entregues, mas o valor em si não identifica a fatura entre todas as outras.

Similarmente, o "tipo de despesa" em uma tabela de registros financeiros pode ser considerado um atributo simples. Cada registro terá um tipo de despesa associado, indicando a que categoria a despesa pertence - tal como utilidades, folha de pagamento, ou marketing -, mas novamente, esse atributo por si só não é utilizado para diferenciar um registro de todas as outras linhas na tabela.

Dessa forma, atributos simples são elementos cruciais no design de bancos de dados, permitindo a representação clara e precisa de dados específicos referentes a objetos ou entidades do mundo real dentro do sistema de informação. E embora a natureza "não-chave" de um atributo simples possa sugerir uma menor importância na estrutura do banco de dados, a realidade é que cada atributo desempenha um papel vital no conjunto de dados como um todo, contribuindo para o registro completo e preciso das operações e características das entidades modeladas.

4.2   Atributo Composto.

As complexidades inerentes ao mundo real muitas vezes não podem ser capturadas por atributos singulares ou monovalorados nos sistemas de banco de dados.

Para abrigar informações mais detalhadas e estruturadas, utilizam-se atributos compostos, cuja essência reside na capacidade de desdobrar uma peça de informação em múltiplas facetas, proporcionando uma representação mais rica e desagregada dos dados.

Um atributo composto, portanto, vai além de armazenar um simples valor. Ele organiza dados que estão logicamente interligados, mas que são distintos o suficiente para serem considerados separadamente. Cada parte deste atributo composto é conhecida como um subatributo, e cada subatributo pode armazenar um dado específico relacionado ao atributo maior do qual faz parte.

Tomemos o exemplo clássico do atributo composto "Nome". Em muitas culturas, um nome completo é formado por várias partes: "Primeiro Nome", "Nome do Meio", "Nome de Família" (sobrenome).

No caso dos bancos de dados, um atributo "Nome" poderia ser decomposto para permitir que a aplicação trate cada um desses elementos separadamente. Isso pode ser vital para tarefas como personalização de comunicações, onde uma carta pode ser endereçada usando apenas o primeiro nome, ou para processos de verificação e comparação, onde o sobrenome seja de particular interesse.

De maneira semelhante, o atributo "Endereço" oferece um exemplo ainda mais granular de um atributo composto. Este pode ser particionado em "Tipo de Logradouro", "Nome do Logradouro", "Número do Imóvel", "Complemento", "CEP", "Bairro", "Cidade", "Unidade Federativa", e outras unitárias informações relevantes.

A separação destes dados proporciona diversas vantagens. Ela facilita buscas e análises específicas - tais como identificar todos os residentes de um determinado bairro ou ordenar correspondências por código postal.

Também permite maior flexibilidade na forma como os dados são exibidos ou utilizados, e assegura que o sistema possa se adaptar a formatos de endereços internacionais que podem ter estruturas diferentes.

Considerações sobre os atributos compostos estendem-se também à integridade e à consistência dos dados. Ao fragmentar atributos em partes menores e bem definidas, um sistema de banco de dados impõe indiretamente um maior controle sobre o tipo de dados que pode ser inserido em cada campo.

Isso minimiza a ocorrência de erros, como o registro de um número de imóvel no campo destinado ao nome do logradouro, por exemplo.

Ademais, o uso de atributos compostos pode ter implicação direta na qualidade dos processos de negócio de uma organização. Por exemplo, no contexto de CRM (Customer Relationship Management), quando um cliente informa seu nome completo ou endereço, a capacidade de desmembrá-lo e alimentar partes específicas em ações de marketing direcionado, ou em abordagens de vendas personalizadas, pode ampliar significativamente a eficácia e a precisão desses esforços.

Atributos compostos no design de bancos de dados são uma representação do compromisso com a qualidade, precisão e detalhe dos dados.

Eles permitem que sistemas de informação capturem a complexidade do mundo real em estruturas que não só servem para armazenar informações, mas também para apoiar uma vasta gama de processos de negócios e análises que dependem de dados bem estruturados e facilmente acessíveis.

4.3   Atributo Multivalorado.

Dentro do contexto de modelagem de dados, temos também uma categoria denominada "Atributo Multivalorado". Este tipo de atributo é capaz de armazenar múltiplos valores para um único elemento ou entidade. Isso significa que, em vez de estar restrito a um único dado por registro, como em atributos simples ou monovalorados, um atributo multivalorado pode conter uma coleção de dados dentro de uma única entidade.

Por exemplo, consideremos a entidade "Pessoa" em um sistema de base de dados. Se um dos atributos dessa entidade é "Números de Telefone", é plausível que a mesma pessoa tenha vários números - talvez um pessoal, um do trabalho e outro residencial. Em um modelo de dados que utilize atributos multivalorados, em vez de limitar a pessoa a um único número de telefone, o atributo "Números de Telefone" poderá acolher todos esses diferentes números em associação com a mesma pessoa.

Outro exemplo é o atributo "Filhos" para a entidade "Pessoa". Uma pessoa pode ter zero, um ou vários filhos. Ao invés de criar um novo registro para cada filho, que seria uma abordagem ineficiente e redundante, o uso de um atributo multivalorado permite que todos os nomes dos filhos sejam associados diretamente com a entidade correspondente à pessoa, dentro de um mesmo registro.

Este conceito torna-se particularmente valioso quando se considera a flexibilidade e a escalabilidade dos bancos de dados. Em aplicações do mundo real, os dados frequentemente não se encaixam em estruturas rígidas e lineares; eles tendem a ser mais dinâmicos e complexos.

Atributos multivalorados permitem que os modelos de dados reflitam mais fielmente essa realidade, promovendo uma representação de dados que é verdadeiramente alinhada com as necessidades e nuances das informações que estão sendo gerênciadas.

É importante mencionar que atributos multivalorados também apresentam desafios específicos no que tange à normalização de bancos de dados. A normalização é o processo de estruturação de um banco de dados para reduzir a redundância e melhorar a integridade dos dados.

Atributos multivalorados precisam ser cuidadosamente controlados para evitar problemas como incoerências e dificuldades na manutenção dos dados. Isto é tipicamente endereçado na criação de tabelas separadas para gerênciar esses valores múltiplos e associá-los de volta à entidade principal por meio de chaves estrangeiras.

Em resumo, atributos multivalorados são elementos vitais na modelagem de dados que capturam a essência da complexidade do mundo real dentro de sistemas de informação. Quando bem implementados, eles proporcionam uma estrutura de dados que não apenas é mais natural e intuitiva, mas também flexível e poderosa o suficiente para suportar a rica tapeçaria de informações que caracteriza as relações e entidades humanas.

4.4   Atributo Determinante.

Em modelagem de dados, o conceito de "Atributo Determinante" é crucial para assegurar a organização e a integridade dos dados em um banco de dados.

Este tipo de atributo cumpre um papel diferenciado: ele determina univocamente outros atributos na mesma entidade, funcionando como alicerce para a identificação única de cada instância dessa entidade. Em outras palavras, o valor de um atributo determinante define de maneira exclusiva cada registro no conjunto de dados.

O exemplo mais emblemático de um atributo determinante é a "Chave Primária" em uma estrutura de banco de dados. Uma chave primária pode ser um único campo (ou uma combinação de campos, no caso de uma chave primária composta) que identifica unicamente cada linha em uma tabela de banco de dados.

Por exemplo, em uma tabela de "Usuários", a chave primária poderia ser o "ID do Usuário", que garante que cada usuário tenha um identificador exclusivo, permitindo que o banco de dados mantenha a consistência e evite duplicações.

A chave primária é uma forma especial de atributo determinante e é usada para criar relações entre diferentes tabelas - por exemplo, relacionando uma tabela de "Pedidos" com a tabela de "Usuários" por meio do "ID do Usuário". Assim, o "ID do Pedido" na tabela "Pedidos" seria a chave primária dessa tabela, e o "ID do Usuário" funcionaria como uma chave estrangeira que liga os pedidos aos usuários respectivos.

O uso de atributos determinantes como chaves primárias é um aspecto fundamental da prática de design de bancos de dados e é essencial para a normalização de dados, uma metodologia de organização de campos e tabelas para minimizar a redundância e maximizar a integridade dos dados.

Portanto, entender e aplicar corretamente o conceito de atributos determinantes é vital para os desenvolvedores e projetistas de bancos de dados no processo de criação de sistemas de informação eficientes, confiáveis e escaláveis, pois é isso que permite que os dados sejam acessados e gerênciados de forma precisa.

5 Diretrizes Para Nomeação

Os tipos de elementos de dados que são objeto de padronização nas enciclopédias que compõem o modelo corporativo são: tabela, atributo, relacionamentos (constraints para FKs), índices e equivalentes.

Os nomes do Banco de Dados, Owner, Role e elementos estruturais do SGBD são de responsabilidade da equipe de administradores de dados.

O nome do elemento de dados é constituído de identificadores e/ou qualificadores.

São boas práticas para compor o nome do elemento de dados:

1. Sua extensão é determinada no SGBD em uso na organização.

2. Pode conter apenas letras, números e o caractere especial "_" (underscore), não podendo conter espaço e/ou outro caractere especial. Vale identificar as restrições no SGBD em uso na organização.

3. Um elemento de dados possui um único nome, e este, por sua vez, é único em toda a Enciclopédia. Deve-se administrar muito bem esta particularidade para não acontecer de se ter mais de um elemento de dados com o mesmo nome, mas com conteúdos diversos.

4. Utilizar somente caracteres maiúsculos (upper case).

5. Utilizar componentes semânticos por extenso sempre que possível.

6. Tipos de elementos de dados podem ser padronizados de acordo com o projeto na fase inicial do projeto. O tipo deve ser utilizado no início do nome do atributo. Assim, em um projeto do assunto tributário podemos ter elementos de dados iniciados pelos tipos de dados QTD (quantidade), PARC (parcela), IMP (imposto), TX

(taxa). Observar que se deve utilizar o texto por extenso sempre que possível.

7. Utilizar os caracteres de A-Z.

8. Evitar caracteres acentuados, espaços e outros que possam causar problemas quando incorporados a um SGBD.

9. Somente utilizar abreviações se for de aceitação e conhecimento geral do usuário ou de domínio público, observando sempre que os nomes dos objetos devem ser claros e significativos.

10. Usar todos os qualificadores necessários para completa identificação do atributo. Exemplo: para "Nome do Empregado", utilize Nome_Empregado no lugar apenas utilizar a palavra Nome.

11. Colocar os qualificadores em uma sequência lógica, de tal forma que dê um significado preciso. Exemplo: para "Data de Nascimento", utilize Data_Nascimento e não Nascimento_Data);

12. Se oportuno, para tornar mais claro, usar substantivo + adjetivo da seguinte forma: substantivo_adjetivo. Exemplo: HISTORICO_FUNCIONAL.

13. Utilizar acrônimos ou siglas, que são de aceitação universal ou de conhecimento geral e que por isso deverão fazer parte do dicionário de dados. Exemplo: CEP para Código de Endereçamento Postal, CNPJ para Cadastro Nacional de Pessoa Jurídica e SRH para Sistema de Recursos Humanos.

14. Chaves estrangeiras devem ter o mesmo nome das chaves primárias do arquivo dominante correspondente. O papel da chave estrangeira em uma tabela pode ser melhor detalhado pela troca ou complementação do nome da chave estrangeira. Esta nomeação deve ser tratada caso a caso e sempre em relação à função do atributo na tabela em que foi propagada.

15. Atributos que contêm a mesma informação devem, necessariamente, ter o mesmo nome. Caso apareçam na mesma tabela deverão ser diferenciados através de qualificadores. Por exemplo: "número do funcionário" e "número do funcionário

gerente" serão criados como numero_funcionario e numero_funcionario_gerente.

16. Não devem ser usadas palavras em outras línguas, exceto quando não há correspondente na língua portuguesa, ou seja, um termo técnico específico e de uso comum. Ex. para *file* usar arquivo e para *byte* usar *byte*.

17. A especificação do atributo (tamanho, tipo...) deve seguir o padrão proposto pela administração de dados da organização.

É interessante estruturar uma lista de palavras de uso comum pelos usuários da organização para dar origem a um vocabulário controlado. Este vocabulário deve incorporar todos os conceitos dos negócios tratado pelos sistemas de informação e é utilizado para nomear atributos e outros elementos de dados tais como documentos e sites.

Ele é projetado com dois objetivos básicos:

1. Interface de comunicação entre usuários dos sistemas de informação de uma organização.
2. Ferramenta de gestão que permite agregar dados para geração de relatórios e outros instrumentos gerênciais.

5.1   Exemplos.

1. Exemplo de Uniformidade em Convenção de Nomenclatura:

Utilizar CamelCase: clienteId, pedidoTotal

Utilizar snake_case: cliente_id, pedido_total

2. Exemplo de Precisão e Simplicidade:

Descrevendo de forma concisa: emailCliente em vez de enderecoEmailEletronicoDoCliente

Para um status booleano: usuarioAtivo em vez de oUsuarioEstaAtualmenteAtivoNoSistema

3. Exemplo de Contextualização:

Para uma marcação de tempo em um log: ultimoLogin em vez de login

Diferenciando entre entrada e saída: saldoInicial, saldoFinal

4. Exemplo de Uso de Prefixos e Sufixos Lógicos:

Para chaves estrangeiras: produtoId, categoriaId

Para campos de data e hora: dataCriacao, horaInicio, dataHoraAtualizacao

5. Exemplo de Evitação de Ambiguidade:

Identificando propósito: relatorioVendasAnual, resumoDespesasMensal

Diferenciando nomes similares: codigoProduto (SKU), codigoBarrasProduto (UPC)

6. Exemplo de Nomes Autoexplicativos:

Para valores calculados: totalPagar, mediaVendasDiaria

Para controle de acesso: podeEditar, acessoTotal

7. Exemplo de Padronização de Terminologia:

Mantendo consistência de idioma: enderecoEntrega, enderecoCobranca (e não misturando idiomas, como deliveryAddress, enderecoCobranca)

Padronização de termos para ações: salvarPedido, cancelarPedido

8. Exemplo de Escalabilidade:

Prevenindo a obsolescência: numeroContatoPrincipal em vez de telefoneResidencial

Nomeando para o futuro crescimento: usuarioPlano em vez de usuarioPlanoPremium, em antecipação a novos planos

9. Exemplo de Refletindo o Domínio de Negócio:

Adequado ao domínio Ao compor nomes de elementos de dados, é essencial adotar práticas que promovam clareza, consistência e alinhamento com os domínios do negócio. Abaixo, são apresentados exemplos que ilustram boas práticas na nomeação de elementos de dados em diferentes contextos.

10. Utilize Nomes Descritivos e Precisos:

saldoContaCorrente: Indica claramente que o dado se refere ao saldo atual em uma conta corrente.

dataNascimento: Especifica que o dado é uma data referente ao nascimento de uma pessoa ou entidade.

11. Evite Ambiguidades com Qualificações Adequadas:

enderecoCobranca: Distingue este endereço como sendo o utilizado especificamente para cobranças, diferenciando-o de outros como enderecoEntrega.

telefoneContatoEmergencia: Especifica que o número de telefone é destinado a situações de emergência.

12. Seja Consistente com as Convenções de Nomenclatura:

Utilizando CamelCase: quantidadeEstoque, valorTotalPedido.

Utilizando snake_case: quantidade_estoque, valor_total_pedido.

13. Adote a Consistência em Termos do Domínio de Negócio:

codigoProduto: Utiliza a terminologia familiar do domínio de negócios de varejo.

limiteCredito: Emprega uma terminologia comum no setor financeiro para indicar o limite de crédito de uma conta.

14. Prefira Nomes Autoexplicativos em Vez de Códigos ou Siglas:

numeroProtocoloAtendimento: Mais compreensível do que abreviações como numProtAtend.

velocidadeMaximaPermitida: Fornece uma descrição completa, em oposição a uma sigla como velMax.

15. Utilize Prefixos e Sufixos Quando Apropriado:

Prefixo para indicar tipo de dado: listClientesAtivos, arrProdutosSelecio nados.

Sufixo para indicar a unidade de medida: pesoKg, distanciaMetros.

16. Reflita as Ações ou Estados em Nomes de Variáveis Booleanas

isAtivo: Uma conven Compor o nome de elementos de dados é uma atividade essencial que, quando executada corretamente, contribui para a clareza, manutenção e escalabilidade de um sistema. Aqui estão exemplos que ilustram as boas práticas recomendadas:

17. Exemplo de Consistência:

clienteId segue o mesmo padrão de pedidoId, mantendo a consistência.

dataNascimento segue o padrão de dataCadastro, indicando claramente que ambos se referem a datas.

18. Exemplo de Descrição Precisa:

quantidadeEmEstoque é descritivo e específico, melhor do que simplesmente quantidade.

numeroMaximoParticipantes evita confusão com numeroParticipantes.

19. Exemplo de Evitar Palavras Desnecessárias:

preco em vez de precoDoProduto, se o contexto já estiver claro.

email ao invés de enderecoDeEmail, mantendo a simplicidade efetiva.

20. Exemplo de Nomes Autoexplicativos:

isVisivel para um flag booleano, deixa claro que representa um estado binário.

calculaTotalPedido, um método que deixa claro o que faz sem necessidade de mais contexto.

21. Exemplo de Uso de Convenções Específicas De Nomenclatura:

tbl_Usuarios para tabelas em bancos de dados, onde tbl_ é o prefixo universal.

sp_CalcularSalario para uma stored procedure que calcula salários.

22. Exemplo de Imutabilidade:

dataCriacao insinua que o valor é definido uma vez e não muda.

urlImagemPerfil sugere que uma vez definida, a URL da imagem de perfil não é alterada frequentemente.

23. Exemplo de Especificação de Unidades e Tipos:

pesoKg comunica que o peso está em quilogramas.

tempoEsperaMinutos indica que o tempo de espera é anotado em minutos.

24. Exemplo de Nomenclatura Baseada em Domínio/Negócio:

notaFiscalEletronica é um termo relevante no contexto empresarial brasileiro.

creditoAprovado para indicar o status de uma solicitação de crédito.

25. Exemplo de Contextualização e Qualificação:

salarioBaseMes claramente denota qual é o período de referência para o salário base.

enderecoEntregaPedido especifica que tipo de endereço está sendo referido.

26. Exemplo de Evitar a Ambiguidade com Especificações:

emailContato para diferenciar de outros emails como emailCadastro.

dataUltimaCompra para distinguir de outras datas importantes como dataCadastroCliente.

27. Exemplo de Uso de Verbos para Ações:

validarUsuario para funções ou métodos que realizam validação.

carregarConfiguracoes para métodos que carregam configurações do sistema.

28. Exemplo de Adequação ao Crescimento Futuro:

enderecoPrincipal pode acomodar futuras adições como enderecoSecundario.

telefoneContato permite expansão para telefoneResidencial, telefoneComercial etc.

29. Exemplo de Padronização de Termos Técnicos:

idUsuario usando 'id' como um prefixo comum para identificadores.

hashSenha indicando que a senha está armazenada em forma criptografada.

30. Exemplo de Reflexão do Domínio de Negócios:

patrimonioLíquido usando termos de contabilidade para indicar clareza no setor financeiro.

codigoEAN adotando uma nomenclatura familiar para quem lida com logística e inventário.

31. Exemplo de Nomenclatura Depurada com Refatoração:

cargaHorariaTotal após refatorar de um nome menos claro como totalHoras.

ativoImobilizado refinado de imobilizadoAtivo, mantendo consistência com termos contábeis.

32. Exemplo Incorporando Boas Práticas de Código Internacional:

currencyCode para representar códigos de moeda de forma internacionalmente compreensível.

datetimeLastUpdated seguindo padrões de nomenclatura em inglês para interoperabilidade global.

6 Redução de Palavras

Reduzir as palavras é um processo natural da convivência em sociedade. Seja para se adaptar ao vocabulário da sua "tribo", seja para economizar esforços no processo de comunicação. Se você já utilizou ou pronunciou palavras tais como sampa, japa, portuga, metrô, extra você fez uso de uma linguagem coloquial, um fato linguístico.

A linguagem é um reflexo da constante evolução social e da necessidade de adaptar a comunicação às circunstâncias de cada ambiente. No cotidiano, é natural que busquemos eficiência ao comunicar ideias e conceitos complexos da forma mais concisa possível.

Exprime-se uma longa história de cultura e identidade no simples ato de dizer "Sampa" em vez de São Paulo, ou "japa" ao referir-se à culinária japonesa. Esses coloquialismos, além de evidenciarem pertencimento a uma comunidade específica, também servem como estratégias para economizar esforço na comunicação.

Esse instinto pela economia lexical é espelhado na modelagem de dados. Em um banco de dados, por exemplo, é comum a prática de abreviar nomes de tabelas, colunas e variáveis para tornar o processo de codificação mais rápido e os esquemas de banco de dados mais legíveis. Assim, a redução léxica vai além de uma mera convenção social - ela é uma técnica que potencializa a eficiência e clareza no armazenamento e manuseio de dados.

Exemplos de Economia Lexical em Modelagem de Dados.

1. Siglas e Iniciais: Assim como "metrô" é a versão encurtada de metropolitano "usr" pode representar "usuário" e "auth" pode significar "autenticação". Essas abreviações ajudam a manter o código limpo e compreensível.

2. Concatenação: A junção de palavras pode formar abreviações eficientes. "Portuga", um apelido para indivíduos de Portugal, é um

equivalente coloquial à concatenação em modelagem de dados, como em endEntrega (endereço de entrega).

3. Prefixos e Sufixos: Adicionar ou subtrair elementos de uma palavra pode alterar seu significado ou criar novos termos. Da mesma forma, preCalc pode ser uma função de pré-cálculo, enquanto postProc pode se referir a um processamento posterior.

A linguagem humana é incrivelmente versátil, e sua capacidade de se adaptar, evoluir e condensar suas formas é uma das suas características mais fascinantes.

A redução de palavras, um fenômeno natural da nossa convivência, demonstra uma economia de esforço e a busca por eficiência na comunicação. Termos como "Sampa" para São Paulo, "japa" para japonês, ou "metrô" para metropolitano, são exemplos de como naturalmente tendemos a simplificar nossa fala.

Essa prática se estende ao mundo tecnológico e, mais especificamente, ao campo de modelagem de dados, onde a redução linguística é não apenas uma preferência estilística, mas uma necessidade técnica. Em bancos de dados e outras estruturas de informação, a economia de caracteres pode levar a sistemas mais limpos, de mais fácil manutenção e, inegavelmente, a uma maior eficiência no processamento.

Veja como esses princípios se manifestam no design de modelos de dados.

Exemplos de Redução no Modelo de Dados.

4. Uso de Siglas e Abreviações Comuns. Assim como falamos "extra" ao nos referirmos a algo "extraordinário", podemos usar "ID" em lugar de "Identificação". Outro exemplo seria "config" substituindo a palavra "configuração". Isso é eficiente e amplamente compreendido no meio técnico.

5. Concatenação de Termos. De forma similar ao que acontece com "portuga", no modelo de dados podemos fundir palavras para criar identificadores mais curtos, como "endComercial" (endereço comercial) ou "telResidencial" (telefone residencial).
6. Adição de Prefixos e Sufixos. Tal como "sampa" carrega o essencial de "São Paulo", "preProcessamento" e "posVenda" são exemplos de como podemos modificar os termos para acrescentar contexto ou ordem cronológica a processos em um sistema.

As palavras que determinam o conteúdo léxico da língua são resultantes de processos que podem resultar na junção de termos, ou originar palavras pelo acréscimo de prefixos e sufixos.

Esta redução é muito bem-vinda no modelo de dados pois, além de padronizar as abreviaturas, reduz o tamanho dos nomes.

6.1   Diferença entre abreviatura, abreviação e sigla

A língua portuguesa é rica em detalhes e nuances, e isso se estende à maneira como reduzimos as palavras. Embora muitas vezes usados de forma intercambiável no dia a dia, os termos abreviatura, abreviação e sigla têm significados distintos que refletem diferentes métodos de encurtamento de palavras ou frases.

Abreviatura:

As abreviaturas são formas reduzidas de escrita de palavras, onde eliminamos algumas letras e muitas vezes as substituímos por um ponto. São usadas para simplificar a escrita e são comuns em contextos em que a economia de espaço é uma vantagem. Por exemplo, 'Av.' é a abreviatura de 'Avenida' e 'Sr.' é a abreviatura de 'Senhor'. Nas abreviaturas, geralmente mantemos as letras iniciais do termo e é comum seu uso em termos formais e documentos escritos.

Abreviação:

A abreviação é um processo mais informal de encurtar uma palavra ou grupo de palavras. Ela pode não seguir regras tão estritas quanto às abreviaturas e não necessariamente requer o uso de um ponto ao final. É uma forma popular de linguagem coloquial e muitas vezes surge de forma orgânica na fala do dia a dia. Um exemplo seria "math" como uma abreviação informal da palavra "mathematics" (embora em português "mat." seja uma abreviatura padrão de "matemática").

Sigla:

As siglas são formadas pelas letras iniciais de um conjunto de palavras que compõem uma designação ou título oficial, e essas letras são pronunciadas como se fossem uma única palavra ou cada letra individualmente. As siglas ajudam a simplificar o uso de nomes ou termos complexos e longos. Por exemplo, 'NASA' é a sigla para National Aeronautics and Space Administration, e se pronuncia como uma palavra. Por outro lado, 'IBGE' (Instituto Brasileiro de Geografia e Estatística) é pronunciado letra por letra. Note que, ao contrário de abreviaturas, as siglas não são seguidas por pontos.

Vamos analisar cada termo.

6.1.1   Abreviatura

A abreviatura, de fato, é um recurso linguístico utilizado para representar palavras de forma mais breve, empregando apenas algumas de suas letras ou sílabas significativas, muitas vezes terminando com um ponto para indicar que a palavra não está completa.

Por exemplo, "Prof." é a abreviatura de "Professor" e "pág." é a de "página". Esta forma de encurtar palavras é amplamente utilizada para otimizar a escrita, facilitar a leitura e economizar espaço, o que pode ser especialmente benéfico em meio impresso ou digital onde há limitações de espaço ou de design.

Em relação ao uso de abreviaturas na estrutura de dados, como em modelos de bancos de dados, sistemas computacionais ou interfaces de programação, a economia de espaço tem sua equivalência na redução do tempo de processamento e na otimização do uso do espaço de armazenamento.

Isso, por sua vez, pode levar a um menor tempo de acesso aos dados e a uma melhoria na performance geral do sistema.

As abreviaturas em estruturas de dados também contribuem para a padronização, facilitando o entendimento e a manutenção do código por diferentes programadores ou analistas de dados. Entretanto, é importante que o sistema de abreviaturas seja documentado de forma clara para evitar ambiguidades e mal-entendidos.

Considerando isso, na modelagem de dados, é fundamental estabelecer um padrão claro para abreviaturas e garantir que essas sejam amplamente compreendidas por todos os usuários e desenvolvedores envolvidos com o banco de dados.

Por exemplo, a abreviatura "cli" pode ser usada consistentemente para referir-se a "cliente", enquanto "func" poderia ser usada para "funcionário". A padronização ajuda a manter o sistema intuitivo e a comunicação eficaz.

É importante utilizar as abreviaturas de forma adequada e seguir as melhores práticas para garantir clareza e compreensão por parte dos leitores.

As melhores práticas para o uso de abreviaturas são as seguintes:

1. Seja consistente: Ao usar abreviações, é essencial manter a consistência ao longo do texto. Se você escolher abreviar um termo, continue usando a mesma abreviação toda vez que esse termo aparecer. Isso evita confusão e torna a leitura mais fluida.

2. Defina as abreviações: Sempre que introduzir uma abreviação pela primeira vez em seu texto, é recomendável fornecer a versão completa do termo. Por exemplo, se você usar a abreviação "FAQ" para "Frequently Asked Questions", é importante esclarecer o significado completo da abreviação antes de utilizá-la no restante do texto.

3. Utilize abreviações amplamente reconhecidas: É sempre preferível usar abreviações que sejam amplamente reconhecidas e entendidas pelos leitores. Evite criar suas próprias abreviações ou optar por aquelas que são específicas de um determinado campo de conhecimento ou região geográfica. Isso garante que suas mensagens sejam compreendidas por um público mais amplo.

4. Evite o uso excessivo: Embora as abreviações sejam úteis para encurtar o texto, é importante não exagerar no seu uso. Se houver muitas abreviações em um texto, isso pode dificultar a leitura e causar confusão. Use as abreviações com moderação, especialmente em textos mais formais ou acadêmicos.

5. Esteja ciente do contexto: Antes de usar uma abreviação, é importante considerar o contexto em que ela será lida. Algumas abreviações podem ser ambíguas e ter diferentes significados em diferentes contextos. Certifique-se de que a abreviação seja adequada ao contexto em que está sendo utilizada e não cause confusão ou mal-entendidos.

6. Evite abreviações na escrita formal: Em textos formais, como redações acadêmicas, trabalhos científicos ou documentos

profissionais, é recomendado evitar o uso excessivo de abreviações. Esses tipos de texto geralmente requerem uma escrita mais detalhada e precisa, o que pode não ser adequado para o uso de muitas abreviações. Caso opte por utilizar alguma abreviação, certifique-se de que seu público-alvo esteja familiarizado com ela ou defina-a claramente no início do texto.

7. Atenção à pontuação: Ao utilizar abreviações, é essencial prestar atenção à pontuação. Em algumas abreviações, como "pág." para "página" ou "nº" para "número", é necessário incluir um ponto após a abreviação. Porém, nem todas as abreviações requerem essa regra. Verifique o estilo de escrita adotado ou consulte guias de estilo adequados para garantir o uso correto da pontuação.

8. Cuidado com as abreviações ambíguas: Alguns termos ou frases podem ter abreviações que podem ser ambíguas ou confusas. Por exemplo, a abreviação "CIA" pode ser interpretada tanto como "Central Intelligence Agency" (Agência Central de Inteligência) quanto como "Certified Internal Auditor" (Auditor Interno Certificado). Nesses casos, é importante esclarecer o contexto ou fornecer maiores informações para evitar mal-entendidos.

9. Revisão e correção: Sempre revise cuidadosamente seu texto em busca de erros de digitação ou abreviações inconsistentes. Erros ou abreviações incorretas podem prejudicar a credibilidade do seu texto e causar confusão ao leitor. Caso tenha dúvidas sobre uma abreviação específica, consulte um dicionário ou um guia de estilo confiável para obter esclarecimentos.

Exemplos:

1. a.C. - antes de Cristo
2. Adj. - adjetivo
3. Apto. - apartamento
4. ASAP - As Soon As Possible
5. Bras. - brasileiro

6. Cel. - coronel
7. CEO - Chief Executive Officer
8. Cia. - Companhia
9. cm - centímetro
10. depto. - departamento
11. Dr. - Doutor
12. Drª. - Doutora
13. e.g. - exempli gratia
14. ed. - edição
15. etc. - et cetera
16. Gên. - gênero
17. Gram. - Gramática
18. h - hora
19. i.e. - id est
20. IT - Information Technology
21. Jan. - janeiro
22. kg - quilograma
23. km - quilômetro
24. Ltda. - limitada
25. Ltda. - Limitada
26. M - metro
27. min - minuto
28. N/A - Não aplicável
29. Num. - numeral
30. pág. - página
31. Pess. - pessoa
32. Prof. - Professor
33. Rev. - Reverendo
34. RSVP - Répondez S'il Vous Plaît
35. Séc. - século
36. Sr. - Senhor
37. Sra. - Senhora
38. vol. - volume

Em geral é bem simples abreviar uma palavra corretamente. Para isto basta escrever a primeira sílaba e a letra, seguidos de ponto final abreviativo. Caso a primeira letra da segunda sílaba seja uma vogal, essa abreviação irá até a consoante.

No caso em que a apalavra tenha acento na primeira sílaba ele será mantido e caso a segunda sílaba comece por duas consoantes elas serão mantidas na abreviatura.

6.1.2 Abreviação

Uma abreviação é uma forma de representar uma palavra, expressão ou frase de maneira mais curta. É uma prática muito comum na escrita que visa economizar espaço, tempo e tornar a comunicação mais eficiente. Ao utilizar abreviações, podemos reduzir a quantidade de caracteres ou palavras, facilitando a leitura e a compreensão do texto.

Existem várias razões pelas quais as pessoas optam por usar abreviações. Uma delas é a conveniência. Em um mundo cada vez mais digital e com limitações de espaço, como nas redes sociais ou mensagens de texto, as abreviações se tornam uma maneira rápida e fácil de se expressar. Em vez de escrever palavras completas, podemos simplificar e transmitir a mensagem de forma mais concisa.

Além da conveniência, as abreviações também podem ser usadas para indicar formalidade ou informalidade. Em contextos mais formais, como documentos oficiais, redações acadêmicas ou comunicações profissionais, é comum evitar o uso excessivo de abreviações. Nessas situações, a escrita tende a ser mais completa e precisa, sem o uso excessivo de abreviações que possam ser mal interpretadas ou prejudicar a credibilidade do texto.

Por outro lado, em conversas informais, mensagens de texto ou em ambientes mais descontraídos, o uso de abreviações é mais aceito e até mesmo esperado. Essa prática ajuda a economizar tempo ao digitar e simplifica a comunicação em um ritmo mais rápido.

No entanto, é importante ressaltar que o uso de abreviações deve ser feito de maneira adequada e compreensível para o público-alvo. Algumas abreviações são amplamente reconhecidas e entendidas por muitas pessoas, enquanto outras podem ser específicas de um campo de conhecimento, região geográfica ou mesmo um grupo social específico.

Para garantir a clareza e a compreensão, é fundamental seguir algumas melhores práticas no uso de abreviações. A primeira delas é ser consistente. Se você escolher abreviar um termo, é importante manter a mesma abreviação ao longo do texto para evitar confusão. Além disso, é essencial definir as abreviações sempre que forem utilizadas pela primeira vez, para que os leitores possam entender o que elas significam.

Outra prática importante é utilizar abreviações amplamente reconhecidas. Evite criar suas próprias abreviações ou utilizar aquelas que são específicas de um determinado campo de conhecimento ou região geográfica. Optar pelas abreviações mais conhecidas garante que sua mensagem seja compreendida por um público mais amplo.

Além disso, é fundamental evitar o uso excessivo de abreviações. Embora sejam úteis para encurtar o texto, o uso excessivamente pode dificultar a leitura e até mesmo causar confusão. Use as abreviações com moderação, especialmente em textos mais formais ou acadêmicos, onde uma linguagem mais completa e precisa é necessária.

Ao utilizar abreviações, é importante estar ciente do contexto em que estão sendo utilizadas. Algumas abreviações podem ser ambíguas e ter diferentes significados em diferentes contextos. Portanto, certifique-se de que a abreviação seja adequada ao contexto específico para evitar mal-entendidos.

É fundamental prestar atenção à pontuação ao utilizar abreviações. Em algumas abreviações, como "pág." para "página" ou "nº" para "número", é necessário incluir um ponto após a abreviação. Porém, nem todas as abreviações requerem essa regra. É importante verificar o estilo de escrita adotado ou consultar guias de estilo adequados para garantir o uso correto da pontuação.

É essencial revisar e corrigir cuidadosamente o texto em busca de erros de digitação ou abreviações inconsistentes. Erros ou abreviações incorretas podem prejudicar a compreensão do texto e afetar sua credibilidade. Se houver dúvidas sobre uma abreviação específica, é recomendado consultar um dicionário ou um guia de estilo confiável para esclarecimentos adicionais.

Exemplos:

Cine – cinema

Fone – telefone

Foto – fotografia

Metrô – metropolitano

Moto – motocicleta

Pneu – pneumático

Quilo – quilograma

Tevê – televisão

Sra. – Senhora

Dr. – Doutor

Sr. – Senhor

CEO – Chief Executive Officer

Ltda. – Limitada

Depto. – Departamento

kg – quilograma

cm – centímetro

min – minuto

h – hora

km – quilômetro

pág. – página

vol. – volume

ed. – edição

N/A – Não aplicável

e.g. – exempli gratia

i.e. – id est

ASAP – As Soon As Possible

RSVP – Répondez S'il Vous Plaît

IT – Information Technology

PC – Personal Computer

TV – Television

GPS – Global Positioning System

DVD – Digital Versatile Disc

RSVP – Répondez S'il Vous Plaît

UFO – Unidentified Flying Object

HR – Human Resources

ASAP – As Soon As Possible

FAQ – Frequently Asked Questions

CEO – Chief Executive Officer

VIP – Very Important Person

PIB – Produto Interno Bruto

OMS – Organização Mundial de Saúde

ONU – Organização das Nações Unidas

ONG – Organização Não Governamental

IBGE – Instituto Brasileiro de Geografia e Estatística

INSS – Instituto Nacional do Seguro Social

CPF – Cadastro de Pessoas Físicas

CNPJ – Cadastro Nacional da Pessoa Jurídica

Essas são apenas algumas abreviações comumente utilizadas no dia a dia. Lembre-se de que é importante considerar o contexto e o público-alvo ao usar abreviações para garantir a compreensão adequada.

6.1.3   Sigla

Uma sigla é um tipo de abreviação formada pelas letras iniciais de uma sequência de palavras ou termos que representam uma organização, entidade, conceito, título ou qualquer outra expressão. Ao contrário das abreviações comuns, as siglas são pronunciadas como uma única palavra, reunindo as letras que as compõem.

As siglas surgem como uma forma eficiente de comunicação, especialmente quando se trata de termos longos ou complexos que precisam ser referenciados com frequência. Ao serem utilizadas, simplificam a escrita, economizando tempo e espaço, além de facilitarem a memorização e a compreensão.

É importante ressaltar que nem todas as abreviações são siglas. Enquanto as siglas são formadas pelas letras iniciais de cada palavra, as abreviações podem ser formadas por outras partes das palavras, como um trecho intermediário ou final.

As siglas podem ser usadas em diversos contextos, como nas áreas profissionais, científicas, governamentais, técnicas e muitas outras. Por exemplo, temos a sigla "OMS" que representa a Organização Mundial da Saúde, ou a sigla "UNESCO" que representa a Organização das Nações Unidas para a Educação, a Ciência e a Cultura.

Além disso, algumas siglas são tão conhecidas que se tornaram parte do vocabulário popular, como é o caso do "ONU" para a Organização das Nações Unidas, ou "NASA" para a Administração Nacional da Aeronáutica e Espaço dos Estados Unidos. Essas siglas são amplamente utilizadas e reconhecidas em todo o mundo.

É importante ressaltar que o uso adequado das siglas envolve fornecer a forma completa na primeira vez em que são mencionadas, seguida da sigla entre parênteses. Isso permite que os leitores ou interlocutores compreendam o significado e a origem das siglas, evitando confusões ou mal entendidos.Exemplos:

1. ABNT – Associação Brasileira de Normas Técnicas
2. CEF – Caixa Econômica Federal
3. CEP – Código de Endereçamento Postal
4. CREA – Conselho Regional de Engenharia e Arquitetura
5. INSS – Instituto Nacional da Seguridade Social
6. MEC – Ministério da Educação e Cultura
7. ONG – Organização Não Governamental
8. ONU – Organização das Nações Unidas
9. VOLP – Vocabulário Ortográfico da Língua Portuguesa

Observe que em uma sigla todas as letras devem ser escritas com letra maiúscula se a sigla tiver até três letras, ou se todas as letras tiverem um significado independente.

Caso a sigla possua mais de três letras, não se usa todas em maiúsculo. Nestes casos somente a primeira letra será maiúscula.

7   Palavras e Abreviaturas

Entre duas palavras,
devemos escolher a menor.
Paul Valéry

NOME   QUAL DESCRICAO

ABASTECIMENTO   ABAS   Ação ou efeito de abastecer(se), fornecimento, provimento.

ABERTO   ABTO   Que se abriu, se descerrou, não está fechado.

ABERTURA   ABTRA   Efeito de abrir. Fenda, orifício. Inauguração. Ex.: Dat_aber (data de abertura).

ABONO   ABON   Quantia paga antecipadamente por conta de vencimentos, honorários, subsídio em dinheiro, além do vencimento ou ordenado.

ABORDAGEM   ABOR   Ato ou efeito de abordar, primeiro contato com um assunto.

ABRANGENCIA   ABRN   Qualidade ou propriedade do que é abrangente. Capacidade de abrangir. Ex.: área de abrangência.

ABREVIADO   ABRD   Resumido.

ABREVIATURA   ABRV   Representação de uma palavra por algumas de suas siglas ou letras.

ABRIGO   ABRG   Cobertura, teto.

ACABAMENTO	ACAB	Ato ou efeito de acabar(-se), remate, arremate, conclusão. Ex.: Tip_acab (tipo de acabamento)
ACADEMICO	ACAD	Membro ou aluno de academia. Relativo à academia. Ex.: Des_form_acad (descrição da formação acadêmica de uma grade curricular).
ACAO	ACAO	Ato de executar alguma tarefa. Ex.: Num_acao (número da ação).
ACEITACAO	ACEI	Concordância.
ACERTO	ACER	Ato de acertar, ajuste, tino, senso.
ACESSIBILIDADE	ACSB	Facilidade na aproximação, no trato ou na obtenção. Ex.: Ind_aces_via (indica se existe acessibilidade ou não).
ACESSO	ACES	Ingresso, passagem, ímpeto, fenômeno fisiológico que sobrevém e cessa periodicamente. Ex.: Ind_loca_aces_livr (indica se o local e de acesso livre ou não).
ACESSORIO	ACSS	Que não e fundamental. Secundário. Que complementa.
ACOLHEDORA	ACLH	Que acolhe bem, hospitaleiro, afável.
ACOMPANHAMENTO	ACOM	Ato ou efeito de acompanhar. Fazer-se acompanhar.
ACOMPANHANTE	ACOP	Aquele que acompanha. Ex.: Nom_acop_quar (nome do acompanhante do quarto)

ACORDO	ACOR	Concordância de ideias, combinação, ajuste.
ACRESCIMO	ACRE	Indica se houve acréscimo de algum objeto específico. Ex.: Ind_acre_salr (indica se houve acréscimo de salário ou não).
ACUMULADO	ACUM	Aquilo que se acumulou, ajuntado, reunido, junto.
ADE	ADE	Área de diretrizes especiais. Ex.: Cod_ade.
ADIAMENTO	ADIA	Ato ou efeito de transferir algum evento para uma data posterior à agendada. Ex.: Dat_adia_pagt (data de adiamento do pagamento).
ADIANTAMENTO	ADIN	Ato ou efeito de adiantar-se. Ex.: Dat_adin_pagt (data de adiantamento do pagamento).
ADICIONAL	ADIC	Efetuar a adição de algum elemento a outro. Ex.: Ind_adic_notu (indica se o funcionário possui adicional noturno ou não)
ADITAMENTO	ADIT	Ato de transferir algum evento para uma data posterior à marcada.
ADJACENTE	ADJC	Estar junto de. Ex.: num_area_adjc (número da área adjacente a outra).
ADMINISTRACAO	ADMT	Ação ou efeito de administrar, gestão de negócios, ato de conferir, ministrar. Ex.: Num_adm_regional (número da administração regional)

ADMINISTRATIVO	ADMV	Relativo a ação de administrar. Ex.: Nom_orga_admv (nome do orago administrativo)
ADMISSAO	ADMS	Aceitação, aprovação, acolhimento, ingresso, entrada. Ex.: Dat_adms_func (data de admissão do funcionário)
ADMITIDO	ADMD	Aceito ou reconhecido por bom.
ADQUIRIDO	ADQU	Que se adquire, de que se fez aquisição.
ADULTO	ADUL	Ser humano que geralmente tem idade superior a 15 anos. Ex.: Qte_csta_marc_adul (quantidade de consultas marcadas para adultos).
AEROPORTO	AERP	Aeródromo com instalações para chegada e partida, carga e descarga de aeronaves, e atendimento, embarque e desembarque de passageiros.
AFASTAMENTO	AFAS	Separar (-se), arredar(-se), retirar(-se), desligar(-se). Ex.: Dat_afas_func (data de afastamento do funcionário)
AFERICAO	AFER	Ato de conferir com os respectivos padrões. Ex.: Num_cerf_afer (número do certificado de aferição).
AFORAMENTO	AFOR	Identifica um financiamento de compra de um lote da prefeitura pelo município que o ocupa. Ex.: nu_prc_afo (número do processo de aforamento).

AGENCIA	AGEN	Onde se trata de negócios. Ex.: Cod_agen_banc (código da agência do banco pagador).
AGENDA	AGED	Caderneta ou registro, em geral com a data do dia, destinado a anotações de compromissos. Ex.: Num_aged (número da agenda).
AGENTE	AGET	Que opera, age, agência, indivíduo encarregado de uma agência.
AGROPECUARIA	AGRP	Relativo à arte de cultivar os campos e a arte e industria do tratamento e criação de gado.
AGUA	AGUA	Líquido que cobre 3/4 do planeta terra. Ex.: Vol_agua (volume de água).
AGUARDAR	AGUR	Esperar, acatar, observar.
AIH	AIH	Autorização de internação hospitalar. Ex.: Num_aih (número de internação hospitalar).
AJUSTE	AJUS	Acerto, reformulação de valores ou normas. Ex.: dat_ulti_ajus (data do último ajuste.)
ALAGADO	ALAG	Inundado, coberto por algum líquido.
ALGUMA	ALGU	Um, entre dois ou mais, quantidade indeterminada, mas pequena, qualquer.
ALIENACAO	ALIE	Ato de alienar um bem móvel ou imóvel.
ALINEA	ALIN	Cada uma das subdivisões de artigo ou de um parágrafo de regulamento.

ALINHAMENTO	ALNH	Colocar na linha, alinhado.
ALIQUOTA	ALIQ	Percentual de taxação de impostos. Ex.: Val_aliq_salr (valor alíquota salarial).
ALISTAMENTO	ALST	Recrutamento p/ o serviço militar, inscrição voluntária ou compulsória feita perante autoridade pública. Ex.: Dat_alst_milt (data do alistamento militar).
ALISTANDO	ALSD	Aquele que vai ser alistado. Ex.: Nome_alsd_milt (nome do alistando militar).
ALMOXARIFADO	ALMX	Deposito de objetos, matérias-primas e materiais.
ALOCACAO	ALOC	Colocar num lugar de uma sequência de lugares. Destinar a uma entidade. Ex.: Dat_venc_ctro_aloc (data de vencimento do controle de alocação).
ALOCADO	ALCD	Destinar a um local. Ex.: Num_func_alcd
ALTERACAO	ALTR	Alterado, modificado. Ex.: Dat_altr_regt (data de alteração do registro)
ALTERNATIVO	ALTV	Sucessão de duas coisas mutuamente exclusivas. Opção entre duas coisas.
ALTIMETRICA	ALTM	Operação de medir as altitudes de pontos de um terreno. Ex.: Num_cota_altm_inic (número de cota Altimétrica inicial).

ALTO	ALTO	Situado em nível ou altitude superior à de outro. A grande altura. Ex.: Des_pont_alto (descrição de um ponto alto).
ALTURA	ALTU	Dimensão vertical de um objeto da base até o topo. Ex.: Alt_meio_fio (altura do meio fio).
ALUNO	ALUN	Pessoa que recebe instrução e/ou educação de mestre(s), em estabelecimento de ensino ou particularmente, estudante. Ex.: Num_matr_alun (número da matrícula do aluno).
ALVARA	ALVR	Documento pelo qual uma autoridade judiciaria ou administrativa ordena ou autoriza a alguém a prática de determinado ato. Ex.: Num_alvr_locz (número do alvará de localização).
ALVO	ALVO	Objetivo final de um argumento. Ex.: Nom_alvo (nome do alvo).
AMADOR	AMAD	Amante, namorado, apreciador, não profissional.
AMBIENTAL	AMBI	Área que cerca uma pessoa ou coisa, meio em que se vive, espaço, recinto. Ex.: Ine_polu_ambi (índice de poluição do ambiente).
AMBIENTE	AMBI	Lugar, sítio, espaço, recinto, meio.
AMBULANCIA	AMBL	Veículo para transporte de pessoas enfermas.

AMPARADO	AMPA	Aquele que foi resgatado de um sufrágio. Ex.: Cod_carg_ampa (código do cargo do amparado).
AMPLIACAO	AMPL	Efeito de ampliar ou alargar.
ANALISE	ANAL	Exame de cada parte de um todo para conhecer-lhe a natureza. Ex.: Dat_prox_anal (data da próxima análise).
ANDAR	ANDR	Movimentar-se, dando passos, agir. Num edifício, pavimento situado acima do térreo ou de uma sobreloja. Ex.: Num_andr_pred (número de andares que possui o prédio).
ANESTESIA	ANES	Perda total ou parcial da sensibilidade, conseguida de propósito, nas intervenções cirúrgicas. Ex.: Are_atuc_anes (área de atuação da anestesia).
ANEXACAO	ANEX	Ligação, incorporação. Ex.: Dat_anex_doct (data de anexação do documento).
ANEXO	ANXO	O que está ligado como acessório, prédio dependente de outro ou q/ o complementa. Ex.: Num_doct_anxo (número do documento em anexo).
ANO	ANO	Ano no sentido comum. Ex.: Ano_exer (ano do exercício), ano_refe (ano de referência).

ANTERIOR	ANTE	Que está ou vem antes. Ex.: Val_sal_ano_ante (valor do salário do ano anterior).
ANTIGO	ANTG	De tempo remoto. Que é ou existe desde muito tempo, velho. Ex.: Dat_antg_anun (data antigo anúncio).
ANUAL	ANUA	Que dura ou é válido por um ano, que se realiza uma vez por ano.
ANULACAO	ANUL	Ato ou efeito de tornar nulo uma determinada coisa. Ex.: Dat_anul_conc (data de anulação do concurso).
ANÚNCIO	ANUN	Notícia, mensagem ou aviso pelo qual se dá qualquer coisa ao conhecimento público.
APARELHO	APAR	Máquina, instrumento, objeto ou utensílios para um certo uso. Ex.: Tip_apar (tipo de aparelho).
APARTAMENTO	APAR	Quarto, divisão de casas, conjunto das casas que cada inquilino ocupa num prédio.
APIC	APIC	Sistema de informações geográficas.
APLICACAO	APLI	Execução prática de uma teoria ou disciplina. Destino de um recurso.
APOIO	APOI	Tudo o que serve de sustentáculo ou suporte, auxílio, socorro, aprovação, aplauso.

APOSENTADORIA	APOS	Direito adquirido remunerado após tempo de serviço estipulado por lei. Ex.: dat_apos (data de aposentadoria).
APRESENTACAO	APRE	Ato pelo qual alguém, seja por meio de escrita, seja pela fala apresenta alguém ou alguma coisa ao público. Ex.: Num_apre_artg (número da apresentação do artigo)
APRESENTADO	APRS	Quem ou aquele de quem se faz apresentação.
APROPRIACAO	APRO	Ato de apropriar horas de trabalho diariamente segundo um cronograma cadastrado.
APROVACAO	APRC	Ato ou efeito de aprovar, consentimento. Ex.: Ind_aprc_proj (indicador de aprovação do projeto).
APROVADO	APRV	Considerado bom, julgado habilitado, autorizado, sancionado. Ex.: Num_lote_aprv (número do lote aprovado).
APROVEITAMENTO	APRT	Ato ou efeito de aproveitar (-se), bom emprego ou aplicação. Ex.: Des_aprt_escr (descrição do aproveitamento escolar).
APTO	APTO	Capaz.
APURACAO	APUR	Ato ou efeito de apurar. Operação em que os resultados de um inquérito estatístico ou coletivo são reunidos em tabelas ou modelos apropriados.

AQUECIMENTO	AQUE	Ato ou efeito de aquecer(-se). Ex.: Tip_aque_ambi (tipo de aquecimento ambiental).
AQUISICAO	AQUS	Ato ou efeito de obter algo. Ex.: Dat_aqus_edif (data de aquisição da edificação).
AR	AR	Mistura gasosa que envolve a terra, atmosfera.
ARBORIZACAO	ARBO	Conjunto das árvores plantadas.
AREA	AREA	Medida de uma superfície. Ex.: Are_cons_imov (área de construção do imóvel)
ARGUMENTO	ARGU	Raciocínio pelo qual se tira uma consequência ou dedução, assunto, tema, enredo, variável independente.
ARQUITETONICA	ARQU	Arquitetura, arte de edificar ou de projetar e traçar planos.
ARQUIVAMENTO	ARQV	Ato ou efeito de guardar em arquivo. Ex.: Dat_arqv_proc (data de arquivamento do processo)
ARQUIVO	ARQO	Serie de itens arranjados ou classificados em sequência para referência conveniente e pertencentes a uma função como por exemplo, em estoque, folha de pagamento etc.
ARRECADACAO	ARRE	Cobrança de tributos ou renda. Ex.: Cod_arre (código de arrecadação).

ARREMATACAO	ARRM	Ato ou efeito de arrematar, terminar. Ex.: dt_ter_arm (data da arrematação do terreno). Adjudicação em hasta pública.
ARTIGO	ARTG	Cada uma das divisões, ordinalmente numeradas, de lei, decreto, código etc. Ex.: Num_artg (número do artigo)
ARVORE	ARVR	Vegetal lenhoso cujo caule, o tronco, do qual ramifica bem acima do nível do solo.
ASFALTO	ASFA	Designação comum aos pirobetumes utilizados para pavimentação de estradas e impermeabilização.
ASPECTO	ASPL	Aparência, ponto de vista, semblante.
ASSENTAMENTO	ASSE	Modelo de assentamento, e o tipo de construção permitida para determinada área. Ex.: cod_mode_asse (código do modelo de assentamento).
ASSINATURA	ASNT	Ato ou efeito de firmar com seu nome ou sinal. Ato ou efeito de assinar.
ASSISTIDO	ASSI	Aquele que recebe um tipo de assistência.
ASSOALHO	ASSL	Piso de residência.
ASSOCIADO	ASSO	Que se associou, membro de associação, sócio. Ex.: Num_matr_asso (número da matrícula do associado)
ASSUNTO	ASST	Matéria ou objeto de que se trata. Ex.: num_asst número de um assunto.

ATENDENTE	ATED	Pessoa que nos hospitais e consultórios, desempenha serviços auxiliares de enfermagem. Ex.: Num_ated (número da atendente).
ATENDIDO	ATND	Dar atenção, a tomar em consideração.
ATENDIMENTO	ATEN	Ato ou efeito de atender, tomar em consideração. Ex.: Cod_aten_medico (código de atendimento médico).
ATERRO	ATRR	Ato ou efeito de aterrar. Ex.: vol_maxi_atrr (volume máximo de aterro).
ATESTADO	ATES	Certidão, prova. Ex.: Dat_ates_medi (data do atestado médico).
ATINGIDO	ATNG	Alcançado, afetado, obtido. Ex.: Cgareatn (código da área atingida).
ATIVO	ATIV	Em atividade. Ex.: Ind_ctro_mant_ativ (indica se o contrato de manutenção está ativo ou não)
ATO	ATO	Aquilo que se fez ou se está fazendo. Ação. Ex.: Des_ato_publ (descrição do ato público)
ATRASO	ATRS	Ação ou efeito de atrasar, demora, retardamento.
ATUACAO	ATUC	Ação ou efeito de atuar.
ATUAL	ATUA	Que ocorre no momento em que se fala, no presente, acontecimento atual. Ex.: num_carg_atua (número do cargo atual).

ATUALIZACAO	ATUZ	Tornar (-se) atual, modernizar-se. Ex.: Dat_atuz (data de atualização).
ATUALIZADOR	ATUR	Aquele que atualiza. Ex.: Nom_atur (nome do atualizador).
AUTENTICACAO	AUTC	Reconhecer como verdadeiro. Ex.: Val_autc (valor da autenticação).
AUTENTICADO	AUTT	Reconhecido como verdadeiro. Ex.: Cod_doct_autt (código do documento autenticado).
AUTO (AUTUAR)	AUTA	Flagrar e notificar por ato não regulamentar. Ex.: Dat_ato (data do auto de infração).
AUTOMATICO	AUTO	Mecânico, inconsciente, maquinal. Ex.: Des_proc_auto (descrição procedimento automático).
AUTOMOVEL	AUTO	Veículo automotor para condução de pessoas.
AUTORIZACAO	AUTZ	Ato ou efeito de autorizar, consentimento expresso, permissão. Ex.: Num_autz_hora_extr (número da autorização da hora extra).
AUTORIZADO	AUTD	Que tem autorização para, conferido poder. Ex.: Des_ativ_autd (descrição da atividade autorizada).
AUTUADO	AUTU	Aquele que sofre autuação. Ex.: Cod_autu (código do autuado).
AUTUADOR	AUTR	Aquele que autua.

AUXILIAR	AUXI	Alguma coisa ou alguém que provem ajuda. Ex.: dt_aux_prm (primeira data auxiliar).
AVALIACAO	AVAC	Ato ou efeito de avaliar. Valor determinado pelos avaliadores. Ex.: Dat_aval_laud_medc (data de avaliação do laudo médico).
AVALIADOR	AVAL	Que, ou aquele que determina a valia ou o valor de um objeto qualquer. Ex.: Nom_avl_imov (nome do avaliador do imóvel).
AVERBACAO	AVBA	Registro, anotação. Nu_avb_dsp (número da averbação do desapropriação).
BACIA	BACI	Bacia hidrográfica.
BACKUP	BKUP	Cópia de segurança.
BAIA	BAIA	Boxe, espaço de trabalho, local de moradia de animais.
BAIRRO	BAIR	Cada uma das divisões principais de uma cidade. Ex.: Nom_bair (nome do bairro).
BAIXA	BAIX	Depressão do terreno, redução de altura, valor ou perco, perda que um efetivo militar sofre por morte, ferimento ou aprisionamento dos seus integrantes, queda, nas bolsas, na cotação de ações etc. Ex.: are_baix_terr (área baixa do terreno).

BANCA	BNCA	Local onde se vende revistas, jornais ou local onde se vende legumes, frutas. Ex.: Alt_banc (altura da banca).
BANCARIA	BNCR	Relativo à banca, a banco comercial ou a banqueiro.
BANCO	BNCO	Lugar onde se guarda dinheiro ou lugar para assento. Ex.: Num_bnco (número do banco)
BANDEIRA	BAND	Símbolo representativo de um estado soberano.
BARRAGEM	BARG	Estrutura construída em um vale e que o fecha transversalmente, dando um represamento de água, represa,
BARREIRA	BARR	Trincheira, estacada, obstáculo.
BASE	BASE	Tudo quanto serve de fundamento ou apoio. Ex.: Dat_base (data base).
BELO HORIZONTE	BH	Município e capital do estado de minas gerais. Ex.: (nom_logr_fora_bh nome do logradouro dos endereços que estão fora de belo horizonte).
BENEFICIADO	BEND	Aquele que sofre benefício. Ex.: Cod_bend (código do beneficiado).
BENEFICIO	BENF	Melhoramento, benfeitoria, vantagem assegurada por leis trabalhistas. Ex.: Tip_benf_carg (tipo de benefícios do cargo)
BENFEITORIA	BEFT	Obra útil feita em propriedade e que o valoriza. Ex.: Idn_beft_imov (identificação das benfeitorias realizadas no imóvel).

BIA	BIA	Boletim de inscrição de alteração. Informativo de cadastro para informar o cadastro de pessoas físicas ou jurídicas. Ex.: Num_bia (número do boletim de inscrição de alteração).
BIBLIOTECA	BIBL	Lugar onde se encontra um acervo de publicações de todos os tipos e assuntos. Ex.: Nom_bibl_orig (nome da biblioteca de origem).
BILHETE	BILH	Cartão impresso que dá direito a viagem em veículo coletivo.
BIMESTRAL	BIMT	Que dura dois meses. Ex.: Val_crto_bimt (valor do contrato bimestral).
BIOTOPO	BIOP	Conjunto de condições físicas e químicas que caracterizam um ecossistema.
BITOLA	BITL	Largura de uma via férrea.
BLITZ	BLTZ	Batida policial de improviso e que utiliza grande aparato bélico. Ex.: Des_loca_bltz (descrição do local da blitz).
BLOCO	BLOC	Massa volumosa e sólida de uma substância. Cada edifício dos que formam um conjunto de prédios. Sociedade ou grupo carnavalesco. Ex.: Num_bloc_conj_habc (número de blocos do conjunto habitacional).
BLOQUEADO	BQDO	Algo que não está disponível. Ex.: val_bqdo (valor bloqueado).

BLOQUETE	BLOQ	Pequena massa volumosa e sólida de uma substância. Fundação isolada de concreto simples de grande altura em relação a base.
BOLETIM	BOLT	Publicação periódica, que em geral constitui órgão de divulgação de entidade oficial ou privada. Caderneta escolar onde se registram notas de um aluno. Ex.: Num_bolt (número do boletim).
BOMBEIRO	BOMB	Homem que trabalha na extinção de incêndios, encanador.
BRASILEIRA	BRAL	Brasileiro. Natural ou habitante do brasil. Ex.: Idn_naci_bral (identificador da nacionalidade brasileira).
BRUTO	BRUT	Tal como é encontrado na natureza. Total, integral. Ex.: Val_brut (valor bruto).
BUSCA	BUSC	Ato ou efeito de buscar. Ex.: Dat_busc (data da busca).
CACAMBA	CAMB	Relativo ao lugar onde se guarda temporariamente, lixo, entulho e/ou coisa imprestável que se joga fora.
CADAN	CADN	Cadastro de anunciantes. Ex.: Val_taxa_cadn (valor da taxa do cadastro de anunciantes).
CADASTRADA	CADA	Com cadastro, história.
CADASTRAL	CADL	Relativo a cadastro. Ex.: Num_ine_cadl (número índice cadastral).

CADASTRAMENTO	CADT	Conjunto das operações pelas quais se estabelece este registro. Ex.: Num_cadt_imov (número do cadastramento do imóvel)
CADASTRISTA	CADS	Aquele que faz o cadastro. Ex.: dat_vist_cads (data do visto do cadastrista).
CADASTRO	CADL	Conjunto das operações pelas quais se estabelece o registro de um bem móvel, imóvel, ou de uma informação.
CADEIRA	CADE	Móvel destinado ao assento. Ex.: Qte_mesa_tres_cade (quantidade de mesas e três cadeiras autorizadas).
CAIXA	CAIX	Arca, receptáculo ou recipiente de madeira, cartão, metal etc. Com as faces retangulares, quadrada ou em forma de cilindro, com ou sem tampa.
CAIXA POSTAL	CXPT	Caixa metálica fixa no correio que se destina ao recebimento de correspondências sem identificação do proprietário. Ex.: Are_cxpt (área da caixa postal).
CALCULISTA	CALT	Aquele que realiza cálculos. Ex.: Dat_vist_calt (data do visto do calculista).
CALCULO	CALC	Realização de operações sobre números algébricos. Avaliação. Ex.: Dat_calc (data do cálculo).
CALENDARIO	CALE	Folha onde se indica os dias, semanas e meses do ano.

CAMARA	CAMR	Recinto onde são realizadas reuniões ou atividades deliberativas.
CAMBIO	CMBI	Troca. Permuta.
CAMINHAO	CAMH	Veículo automotor para transporte de carga
CAMPO	CAMP	Extensão de terreno sem mata. Assunto, matéria. Setor de conhecimento ou atividade. Ex.: Dat_atuz_camp (data de atualização do campo).
CANALIZACAO	CANL	Ato ou efeito de dirigir ou encaminhar, por meio de canais, valas ou canos, por canos de esgotos. Ex.: Ind-canl-rua (indicador de canalização da rua).
CANCELAMENTO	CANC	Desistir de. Ex.: Dat_canc (data de cancelamento).
CANCELAR	CNCL	Tornar sem efeito.
CANDIDATO	CAND	Aspirante ao emprego, cargo, aquele que pede votos que o elejam para um cargo. Ex.: Num_cand (número do candidato).
CAPACIDADE	CAPC	Qualidade que pessoa ou coisa tem de satisfazer para determinado fim. Ex.: num_capc_memo_equi (número da capacidade de memória do equipamento).

CAPITAL	CAPT	Cidade central administrativa de uma federação. Conjunto de recursos financeiros destinados a um investimento. Ex.: Val_capt (valor do capital).
CARACTERE	CRCT	Qualquer digito numérico, letra do alfabeto ou um símbolo especial.
CARACTERISTICA	CARC	Que caracteriza ou distingue, distintivo ou particularidade. Ex.: Tip_carc_logr (tipo de características do logradouro).
CARACTERIZACAO	CARZ	Ato ou efeito de caracterizar. Ex.: Tip_carz_logr (tipo de caracterização do logradouro).
CARATER	CRAT	Qualidade inerente a uma pessoa, animal ou coisa. Ex.: Tip_crat_trar (tipo do caráter do trabalhador)
CARGO	CARG	Responsabilidade, obrigação, função ou emprego público ou particular. Ex.: Num_carg_func (número do cargo do funcionário).
CARNET	CARN	Caderno de apontamentos. Talão de pagamento a prazo. Ex.: Num_carn_pgto (número do carne de pagamento).
CARREGAMENTO	CRGM	Conjunto de objetos que constituem uma carga.
CARROCEIRA	CRRO	Parte superior ao chassi.

CARTA	CATA	Documento, comunicação. Ex.: num_crta_sntc (número da carta sentença).
CARTEIRA	CART	Documentos oficiais expedidos em forma de caderneta e contém licenças, autorizações ou identificações, carteiras de habilitação, carteira de dinheiro. Ex.: Num_cart_habl (número da carteira de habilitação).
CARTORIO	CATR	Lugar onde se registram e guardam cartas ou documentos importantes). Ex.: Num_endr_catr (número do endereço do cartório).
CASAMENTO	CASM	Cerimônia em que e celebrado o matrimonio, núpcias, aliança ou união. Ex.: Dat_casm (data do casamento).
CASCALHO	CASC	Conjunto das lascas de pedras que saltam quando se lavra a cantaria. Pequeno calhau redondo ou oval, com superfície lisa.
CASSACAO	CASS	Fazer cessar, tornar nulos ou sem efeito os direitos políticos ou do cidadão. Ex.: Dat_cass_perm (data de cassação da permissão).
CATEGORIA	CATG	Carretar, espécie, natureza, hierarquia social ou administrativa. Ex.: Num_catg_alsd (categoria do alistando)
CATRACA	CTRA	Instrumento de contagem.

CAUSA	CAUS	Razão, motivo, origem. Aquilo ou aquele que determina um acontecimento.
CAVALO VAPOR	CV	Unidade de medida de potência igual a 735,5 w. Ex.: Qte_cv (quantidade de cavalo vapor).
CBO	CBO	Código brasileiro de ocupação.
CCT	CCT	Câmara de compensação tarifaria.
CEMIG	CEMG	Centrais elétricas de minas gerais. Ex.: ind_cemg (indica se o endereço consta no cadastro da cemig).
CENSITARIO	CENR	Subdivisão de uma região, zona, distrito etc.
CENSO	CENS	Conjunto dos dados estatísticos dos habitantes de uma cidade, estado etc. Com todas as suas características, recenseamento.
CENTRAL	CENT	Situado no centro. Principal, fundamental. Ex.: Cod_cent_saud (código da central de saúde).
CENTRO	CETR	Centro, relativo ao meio, central.
CEP	CEP	Código de endereçamento postal. Ex.: Num_cep_loca (número do CEP local).
CERTIDAO	CERT	Documento passado por funcionário q/ tem fé pública (escrivão, tabelião etc) e no qual se reproduzem pecas processuais, escritos constantes de suas notas. Ex.: Num_cert_casm (número da certidão de casamento).

CERTIFICADO	CERF	Contido em certidão, documento em que se certifica alguma coisa. Ex.: Num_cerf (número do certificado).
CESTA	CEST	Embalagem de material resistente que serve para transporte algo. Ex.: Num_cest (número da cesta).
CGC	CGC	Número do cadastro do contribuinte. Ex.: Num_cgc (número do cgc).
CHAMADA	CHAM	Ato de chamar. Toque de reunir. Convocação. Avocação. Ex.: Dat_cham (data da chamada).
CHAMADOR	CHMD	Que chama.
CHAMINE	CHAI	Tubo que comunica a fornalha com o exterior e serve para dar tiragem ao ar e aos produtos da combustão, lareira.
CHASSI	CHAS	Estrutura de aço sobre o qual se monta toda a carroçaria de veículo motorizado. Ex.: Idn_chas_veic (identificação do chassi do veículo).
CHAVE	CHAV	Elemento decisivo. Artefato de metal que movimenta a lingueta da fechadura. Ex.: nom_palv_chav (nome da palavra-chave).
CHEFE	CHEF	Aquele que exerce autoridade, que chefia dirige. Aquele que comanda ou governa. Diretor/dirigente/patrão. Ex.: Num_pres_chef (número do persona do chefe).
CHEGADA	CHEG	Ato de chegar.

CID	CID	Classificação internacional de doenças. Ex.: Cod_cid (código da classificação internacional de doenças).
CIDADE	CIDA	Complexo demográfico formado por importante concentração populacional. Ex.: Cod_cida (código da cidade).
CIENCIA	CIEN	Informação, conhecimento, noticia. Conjunto organizado de conhecimento sobre determinado objeto. Ex.: Tip_cien (tipo de ciência).
CIRCUITO	CIRT	Esquema de um sistema elétrico. Ex.: Idn_cirt (identificador do circuito).
CIRCUNSCRICAO	CIRC	Linha que circunscreve por todos os lados de uma superfície, divisão territorial, circunscrição eleitoral. Ex.: Are_circ_eltl (área de circunscrição eleitoral).
CIRURGIA	CIRU	Tratamento de doenças ou lesões por meio de operações.
CIVIL	CIVI	Relativo às relações dos cidadãos entre si, reguladas por normas do direito civil, indivíduo não militar, paisano. Ex.: Ind_pess_civi (indicador se e uma pessoa civil ou não).
CLANDESTINO	CLAN	Relativo ao oculto. Ilegal. Ex.: Nom_clan (nome clandestino).
CLASSE	CLSS	Categoria de cidadãos baseada nas distinções de ordem social ou jurídica. Ex.: Dat_clss (data de classe).

CLASSIFICACAO	CLAS	Distribuição em classe e/ou grupos. Posto em ordem. Ex.: classificação de um candidato em um concurso.
CLIENTE	CLIE	Aquele que compra. Freguês. Ex.: Cod_clie (código do cliente).
CLINICA	CLIN	Clínica que o médico faz atendimento. Prática da medicina. Casa de saúde. Parte da medicina que trata de doenças susceptíveis de terapêutica medicamentosa. Ex.: Nom_clin (nome da clínica).
COBERTO	COBE	Tapado, resguardado, provido de cobertura, vestido.
COBERTURA	COBT	Ato de cobrir. Aquilo que cobre.
COBRADO	COBR	Aquele que sofre alguma espécie de cobrança. Ex.: Nom_cobr (nome do cobrado).
COBRADOR	CBRD	Aquele que recebe o que é devido.
COBRANCA	COBC	Ato de fazer que seja pago. Ex.: Val_cobc (valor da cobrança).
COBRIMENTO	COBM	Ato de cobrir.
CODIGO		Campo c/ lei de formação, porém como não haverá mais agrupamento de campos em um só campo, este identificador será utilizado apenas em casos em que existe cultura prévia difundida em relação ao nome cod. Ex.: Cod_ddd.

COEFICIENTE	COEF	Propriedade que tem um objeto ou fenômeno de poder ser avaliado numericamente. Ex.: Coe_utiliz_mater.
COFINS	COFI	Contribuição para o financiamento da seguridade social.
COLETA	COLT	Ato de coletar, recolher alguma coisa. Quantia que se paga de imposto. Ex.: Dia_colt (dia da coleta de lixo).
COLETIVO	COLE	Tipo de transporte usado pela coletividade (ônibus). Ex.: num_linh_cole (número da linha de coletivo).
COLETOR	COLR	Aparelho de coleta de dados.
COMBUSTIVEL	COMB	Qualquer substância, material ou produto que se utiliza para produzir combustão. Ex.: Tip_comb_veic (tipo de combustível do veículo).
COMENTARIO	CMEN	Comentário. Informações complementares. Ex.: Desc_cmen (descrição do comentário).
COMERCIAL	COMR	Do comercio, mercantil. Ex.: Ind-regi-comr (indicador se a região e comercial ou não).
COMISSIONADO	COMS	Encarregado, incumbido. Ex.: Num_carg_coms (número do cargo do comissionado).

COMODO	COMD	Útil, vantajoso, adequado, favorável. Aposento, compartimento, hospitalidade, agasalho. Ex.: Qte_comd_imov (quantidade de cômodos do imóvel).
COMPARECIMENTO	CMPA	Estar presente em um determinado lugar ou acontecimento. Ex.: Ind_cmpa_medc (indica se o médico compareceu ou não a uma consulta médica).
COMPATIBILIDADE	CPTB	Que pode coexistir. Ex.: Ind_comp_area (indicador de compatibilidade da área).
COMPATIBILIZACAO	CMPT	Ocasionar a compatibilidade, fazer ficar compatível.
COMPENSACAO	CMPN	Ato ou efeito de compensar, equilíbrio.
COMPETENCIA	CMPE	Capacidade, aptidão. Faculdade que a lei concede a funcionário p/apreciar questão. Ex.: Tip_cmpe_func (tipo de competência do funcionário).
COMPETENTE	COMT	Que tem competência, capaz. Ex.: Tip_doct_comt (tipo do documento competente).
COMPLEMENTACAO	COPL	Acabamento, remate. Ex.: Val_copl (valor de complementação).
COMPLEMENTO	CMPL	O que complementa ou completa, acabamento ou remate. Ex.: Des_cmpl_endr (descrição do complemento do endereço).

COMPLETUDE   CPLT   Que completa.

COMPLEXIDADE   CPLX   Definição do nível de dificuldade.

COMPONENTE   CMPO   Entra na composição de algo.
                                Elemento da orientação a objeto.

COMPRA   CMPR   Ato ou contrato pelo qual uma pessoa
                                adquire a propriedade de algo.

COMPRIMENTO   COMP   Dimensão longitudinal de um objeto.
                                Ex.: com_testada.

COMPROVACAO   COPR   Ato de comprovar. Conjunto de
                                documentos relativos a gastos que se
                                fizeram por determinada verba.

COMPUTACIONAL   CMPU   Relativo a computação. Ex.:
                                Val_recu_cmpu (valor do recurso
                                computacional).

COMUNICACAO   COMU   Ato ou efeito de transmitir e receber
                                mensagens por meio de métodos
                                e/ou processos convencionados. Ex.:
                                Num_comu_intr (número da
                                comunicação interna).

COMUNICADO   COMC   Aviso ou informação oficial ou
                                particular. Ex.: Dat_emis_comc (data
                                da emissão da comunicação).

COMUNIDADE   COMN   Aglomerado de pessoas com
                                interesses sociais comuns. Ex.:
                                Qte_csta_rliz_comn (quantidade de
                                consulta realizada na comunidade).

COMUNITARIO   COTR   Respeitante à comunidade,
                                considerada quer como estrutura
                                fundamental.

CONCEDIDO	CCDD	Liberado, permitido, outorgado.
CONCEITO	CONC	Formulação de uma ideia por palavras,definição. Pensamento, ideia. Ex.: Des_conc_func (descrição do conceito do funcionário).
CONCESSAO	CNCE	Efeito de conceder. Permissão, facultar. Ex.: Dat_cnce (data de concessão).
CONCESSIONARIO	CONR	Aquele que obtém uma concessão. Ex.: Cod_conr (código do concessionário).
CONCILIACAO	CNCL	Ato ou efeito de conciliar, acordo, concórdia.
CONCLUSAO	COCL	Efeito de concluir. Posto em término. Dedução. Ex.: Dat_cocl (data de conclusão).
CONCURSADO (A)	CORS	Pessoa que passou por concurso. Ex.: Num_disc_cors (número da disciplina concursada).
CONCURSO	CNCR	Efeito de concorrer. Afluência, concorrência. Ex.: Concurso_publico.
CONDICAO	COND	Modo de ser, estado, situação. Obrigação que se impõe e se aceita. Ex.: Dat_cond (data da condição).
CONDICIONAL	CONN	Dependente, incerto, condicionado. Ex.: Cod_conn (código de condicional).
CONDOMINIO	CNDO	Domínio exercido juntamente com outrem. Ex.: nome_cndo.

CONDUTOR	CODT	Aquele que conduz.
CONEXAO	CONX	Ligação, união. Ex.: Cod_pont_logi_conx (código do ponto lógico da conexão).
CONFERENCIA	CNFR	Ato ou efeito de conferir.
CONFIANCA	CONF	Credibilidade, credo
CONFIRMACAO	CONF	Efeito de afirmar de modo absoluto, comprovação. Ex.: Dat_conf (data de confirmação).
CONFLUENCIA	CNFL	Encontro de dois logradouros, ruas. Esquina. Ex.: Des_trec_cnfl (descrição do trecho de confluência).
CONGELAMENTO	CONG	Estado em que se encontra uma determinada situação. Ex. Ind_queb_cong (indica se houve quebra de congelamento ou não).
CONHECIMENTO	CONH	Ato de perceber ou compreender por meio da razão.
CONJUGAL	COJG	Relativo a cônjuges ou a casamento.
CONJUGE	CONJ	Cada um dos casados, em relação ao outro. Ex.: Nom_conj (nome do cônjuge).
CONJUNTO	CNJT	Junto simultaneamente. Reunião das partes de um todo. Ex.: Tip-cnjt (tipo do conjunto).
CONSEQUENCIA	COSE	Resultado de uma ação.

CONSIGNACAO	CONS	Efeito de declarar, estabelecer. Confiar algo a alguém, para que as negocie, em comissão. Ex.: Dat_fina_cons (data final da consignação).
CONSOLIDADO	CNSO	Tornar-se solido, seguro.
CONSTANTE	COST	O que não muda, invariável.
CONSTATACAO	COTT	Verificar, comprovar.
CONSTITUTIVO	CNTT	Que constitui. Ser a parte essencial de. Ex.: Dat_cntt (data do constitutivo).
CONSTRUCAO	CNST	Efeito de dar estrutura, edificar. Ex.: Dat_cnst (data da construção).
CONSTRUIDO	CNSD	Que deu forma. Edificado. Ex.: Val_fina_cnsd (valor final do construído).
CONSTRUTIVA	CNTR	Ato de construir. Ex.: num_freq_cntr (número da frequência construtiva).
CONSULTA	CSTA	Efeito de pedir conselho, opinião, parecer. Ex.: Dat_csta (data da consulta).
CONSULTORIO	CSTO	Local onde o médico realiza consultas médicas. Lugar ou casa onde se dão consultas. Ex.: Num_csto (número do consultório).
CONSUMO	CONM	Ato ou efeito de consumir.
CONTA	CONT	Ato ou efeito de contar, operação aritmética, conta bancária.

CONTABILIDADE	CTBL	Ciência que estuda e pratica as funções de orientação, controle e registro dos atos e fatos de uma administração.
CONTA-CORRENTE	COCT	Sinônimo de conta em banco. Ex.: Num_coct (número da conta corrente).
CONTADOR	CTDR	Que conta. Verificador de conta. Ex.: Cod_ctdr (código contador).
CONTAGEM	CTGM	Efeito de contar. Verificação do número, quantidade. Ex.: Dat_ctgm (data da contagem).
CONTATO	CNTA	Estado ou situação dos corpos que se tocam. Relação. Ex.: Nom_cnta (nome da pessoa para contato).
CONTEUDO	CNTE	O que se contêm nalguma coisa. Ex.: Val_cnte (valor do conteúdo).
CONTÍNUA	COTN	Diz-se da corrente elétrica cujo sentido é sempre o mesmo.
CONTRA	CTRA	Em oposição direta. Ex.: Contrapartida.
CONTRATADA	CTRT	Aquele que está sobre o efeito de contrato. Ex.: Dat_ctrt (data da contratada).
CONTRATO	CTRO	Acordo entre pessoas que entre si transferem direito ou se sujeitam a uma obrigação preestabelecida. Ex.: Dat_ctro (data do contrato).
CONTRIBUICAO	CONT	Ato de contribuir, imposto, tributo, subsídio para algum fim útil.

CONTRIBUINTE	CNTB	Concorrente com outrem nos gastos para realização de uma coisa. Ex.: Nom_cntb (nome do contribuinte).
CONTROLADORA	CTRD	Adaptador que conecta unidades de disco ao computador. Ex.: Num_port_ctrd (número do porte da controladora).
CONTROLE	CTRL	Fiscalização exercida sobre as atividades de pessoas para que não se desviem das normas preestabelecidas. Ex.: Dat_ctrl (data de controle).
CONVENIADA	CNVI	A parte externa participante quando de um convênio.
CONVENIO	CONV	Convenção, pacto, ajuste. Ex. Dat_conv (data do convênio).
CONVERSAO	CNVS	Ato ou efeito de converter-se.
CONVIVÊNCIA	COVE	Ato ou efeito de conviver, convívio, relações, familiaridade.
CONVOCACAO	CNVC	Ato de chamar, intimar ao comparecimento. Ex.: Dat_cnvc(data da convocação).
COORDENADA	COOD	Par cartesiano (x,y), (x,y,z).
COORDENADOR	COOR	Aquele que dispõe segundo certa ordem e método. Ex.: Nom_coor (nome do coordenador)
COPA	COPA	Ramagem superior de uma árvore, compartimento da casa onde se guardam loucas e talheres, a parte superior do chapéu.

COPASA	CPSA	Companhia de saneamento do estado de minas gerais. Ex.: ind_cpsa (indica se o endereço consta no cadastro da Copasa).
COPIA	CPIA	Transcrição textual, reprodução, imitação.
COR	COR	Cor no sentido comum. Ex.: Cor_cabe (cor do cabelo) cor_pele (cor da pele)
CORRECAO	CORR	Qualidade de correto. Efeito de dar a forma correta. Ex.: Dat_corr (data de correção).
CORREDOR	CRRD	Passagem.
CORREIO	CORR	Serviço que efetua o transporte e a distribuição de correspondência.
CORRENTE	CORN	Que corre fácil, expedito, fluente.
CORRESPONDENCIA	CORP	Efeito de estar em correlação. Ex.: Dat_corp (data da correspondência).
CORRESPONDENTE	CORD	Pessoa que se corresponde com alguém. Que corresponde. Ex.: Nom_cord (nome do correspondente).
CORRETA	CRTA	Correto, emendado, corrigido, sem erros. Ex.: Val_crta (valor correto).
CORRIGIDO	CORG	Dado de forma correta. Ex.: Val_corg (valor corrigido).
CORTE	CORT	Ato ou efeito de cortar (-se), talho ou golpe com instrumento cortante, interrupção, redução.

COTA	COTA	Porção determinada.
CPA	CPA	Croqui de parcelamento.
CPF	CPF	Cadastro de pessoa física.
CPU	CPU	Unidade central de processamento
CRACHA	CRCH	Cartão de identificação funcional.
CRC	CRC	Conselho regional de contabilidade. Ex.: Cod_crc (código do crc).
CREA	CREA	Conselho regional de engenharia, arquitetura e agronomia. Ex.: Num_crea (número do crea, do projetista, do calculista etc.)
CREATOR	CRTR	Creator do db2. Ex.: Idn_crtr (identificador do creator).
CREDITO	CRED	Confiança. Soma posta à disposição de alguém num banco. Ex.: Dat_cred (data do crédito).
CREDOR	CRDR	Aquele a quem se deve dinheiro.
CRIACAO	CRIA	Ato ou efeito de criar, surgimento de algo novo.
CRIANCA	CRIN	Ser humano que tem idade inferior a 15 anos, geralmente. Ex.: Qte_csta_marc_crin (quantidade consulta marcada para criança).
CRITERIO	CRIT	Aquilo que serve de norma para julgamento. Tino, discernimento. Ex.: Cod_crit (código do critério).

CRM	CRM	Conselho regional de medicina. Ex.: Num_crm (número no crm).
CRONICA	CRNI	Relativo ao tempo, que dura há muito tempo.
CRONOGRAMA	CRON	Tabela referente a prazo x atividades para execução de um serviço.
CROQUI	CROQ	Desenho resumido de uma planta.
CRUZAMENTO	CRZM	Ato de cruzar - interseção entre vias.
CTM	CTM	Cadastro técnico municipal. Ex.: Val_taxa_ctm (valor da taxa de ctm).
CULTURAL	CULT	Relativo à cultura.
CUMPRIMENTO	CUMP	Ato de saudar alguém. Exigir a execução de alguma tarefa. Ex.: Dat_cump (data de cumprimento da legislação).
CURRICULAR	CURR	Relativo a história de algo. Ex.: Cod_curr (código curricular).
CURSO	CURS	Carreira, corrida, marcha, andamento, trajeto, direção.
CURVA	CURV	Linha ou superfície sinuosa, trecho sinuoso de rua, estrada ou qualquer via.
CUSTEIO	CUST	Ato de correr com as despesas. Conjunto ou relação de gastos. Ex.: Dat_cust (data do custeio).
CUSTO	CUST	Quantia pela qual se adquiriu algo, valor em dinheiro.

DATA	DATA	Corresponde ao dia, mês e ano em qualquer formato ou dia e ano para a data. Ex. Dat_anex_doct (data de anexação do documento).
DB2	DB2	Sistema gerênciador de banco de dados db2.
DDD	DDD	Discagem direta à distância.
DDN	DDN	Data description name parâmetro de JCL.
DEBITO	DEBT	Aquele que se deve. Dívida. Ex. Dat_debt (data do débito).
DECIMAL	DECM	Referente à décimo.
DECIMO	DECI	Número ordinal. Ex.: des_memo_deci
DECISAO	DECS	Efeito de determinar, resolver. Solução, resolução. Sentença. Ex.: Prz_decs_serv (prazo da decisão do serviço).
DECLARADO	DECL	Aquilo que se deu conhecimento, que se manifestou. Ex.: Val_decl (valor declarado).
DECLIVE	DECV	Inclinação de terreno, considerado de cima para baixo. Descida. Ex.: Per_decv (percentagem do declive).
DECLIVIDADE	DECV	Aquilo que está em estado de descida. Ex.: Gra_decv (grau de Declividade).

DECRESCIMO	DECR	Ato de tornar-se menor, diminuir. Ex.: Are_decr_proj (área de decréscimo do projeto).
DECRETO	DCRT	Ato executivo de uma nação informando uma ação ou lei. Ex.: Num_dcrt (número do decreto).
DEDUCAO	DEDU	Ação de deduzir, subtração, diminuição, abatimento. Processo pelo qual, com base em uma ou mais premissas, se chega a uma conclusão necessária, em virtude da correta aplicação das regras lógicas.
DEFEITO	DEFT	Imperfeição. Desarranjo, enguiço. Ex.: des_deft (descrição do defeito de um equipamento.
DEFERIMENTO	DEFR	Expedição e aprovação de uma solicitação. Ex.: Dat_defr (data do deferimento).
DEFICIENCIA	DEFC	Desprovido da funcionalidade de um ou mais órgão.
DEFICIENTE	DEFC	Aquele que apresenta deficiência, desprovido da funcionalidade de um ou mais órgãos.
DEFINITIVO	DEFI	Permanente, final.
DELTA	DELT	Intervalo
DEMANDA	DEMA	Litígio, pleito, lide, disputa.
DEMETRO	DMTR	Empresa responsável pelo serviço de metrô em belo horizonte.
DEMISSAO	DMSS	Ato ou efeito de demitir(-se).

DEMOLICAO	DEMO	Por abaixo, desmanchar. Ex.: ind_demo_obra (indica que existe uma edificação a ser demolida antes de iniciar a obra).
DENSIDADE	DENS	Relação entre a massa e o volume de um corpo ou em se tratando de gravação magnética, corresponde ao número de caracteres gravados por polegada. Ex.: Den_grav (densidade de gravação).
DEPARTAMENTO	DEPT	Divisão administrativa. Seção ou divisão em casa comercial. Ex.: Cod_dept (código do departamento).
DEPENDENCIA	DEPE	Estado de dependente. Sujeição, subordinação. Ex.: Gra_depe (grau de dependência).
DEPENDENCIA (SALA)	DEPC	Sujeição, subordinação, acessório, filial, anexo.
DEPENDENTE	DEPD	Que depende. Quem não pode prover sua subsistência. Ex.: Cod_depd (código do dependente).
DEPOSITO	DEPO	Ato ou efeito de depositar. Ex.: Cod_deps, código do deposito.
DEPRECIACAO	DEPR	Desvalorizar-se. Ex.: Per_depr (percentual de depreciação).
DESABRIGADO	DSBR	Sem moradia, sem abrigo.
DESAPROPRIACAO	DESA	Privar alguém da propriedade.
DESATERRO	DATR	Ato ou efeito de desaterrar. Ex.: vol_maxi_datr (volume máximo de desaterro).

DESATIVACAO	DSTV	Tirar de funcionamento. Ex.: Dat_dstv (data da desativação).
DESATIVADO	DESD	Aquele que sofreu desativação. Ex.: Cod_desd (código do desativado). Ex.
DESATIVADOR (A)	DEVR	Aquele que não está ativo. Ex.: Cod_plat_devr (código da planta desativadora).
DESCANSO	DSCA	Repouso, folga.
DESCARGA	DCRG	Retirada da carga.
DESCLASSIFICADO	DSCL	Que não teve classificação. Indigno de consideração social. Ex.: Dat_dscl (data do desclassificado).
DESCONTADO	DSCT	Aquele que sofreu desconto. Ex.: Val_desc (valor descontado).
DESCONTO	DSCT	Efeito de pagar ou receber antes do vencimento. Tirar de uma conta, quantidade ou todo. Ex.: Val_desc (valor do desconto).
DESCRICAO	DESC	Exposição de alguma coisa ou fato. Ex.: Des_mot_desp_doct (descrição do motivo de despacho do documento).
DESDOBRAMENTO	DESB	Desenvolver-se. Estender-se o que estava dobrado. Ex.: Gra_desb (grau de desdobramento).
DESEMPENHO	DESM	Efeito de livrar de dívidas. Ex.: Per_desm (percentual de desempenho).

DESENHISTA	DESE	Pessoa responsável pelo desenho de uma planta.
DESENVOLVIMENTO	DESV	Fazer-se crescer, medrar-se, prosperar-se. Ex.: Dat_desv (data do desenvolvimento).
DESIGNACAO	DESG	Indicação autoritária para execução de uma tarefa. Ex.: Ind_desg (indica se a condição de dependência é uma designação).
DESISTENTE	DESI	Pessoa que não faz mais parte de um grupo. Ex.: Num_alun_desi (número de alunos desistentes).
DESLIGAMENTO	DESL	Soltar-se. Afastar-se. Ex.: Dat_desl (data do desligamento).
DESMARCACAO	DSMA	Ato ou efeito de desfazer uma marcação. Ex.: Dat_dsma (data da desmarcação).
DESMEMBRAMENTO	DESR	Ato ou efeito de desmembrar. Ex.: Num_desm (número do desmembramento).
DESNUTRIDO	DSNU	Prejudicar a nutrição, fazer emagrecer.
DESPACHANTE	DSPA	Agente comercial incumbido de desembarcar mercadorias e direitos.
DESPACHO	DESP	Efeito de resolver, decidir. Ex.: Dat_desp (data do despacho).
DESPESA	DESS	Tudo aquilo que despende. Gasto.
DESTINACAO	DEST	Ato de determinar com antecipação. Ex.: Cod_dest (código de destinação).

DESTINO	DESN	Sucessão de fatos que podem ou não ocorrer, considerados como resultantes de causas independentes de sua vontade. Ex.: Dat_desn (data de destino).
DESVIO	DSVI	Ato ou efeito de desviar da posição normal.
DETALHADO	DETA	Particularizado, pormenorizado.
DETALHAMENTO	DETA	Explicação analítica de um argumento. Ex.: Num_deta_rece (número do detalhamento da receita).
DEVOLUCAO	DEVL	Devolução. Ato de devolver. Ex.: Dat_devl.
DIA	DIA	Dia no sentido comum. Ex.: Dia_atua_serv (dia de atualização do serviço).
DIAGNOSTICO	DIAG	Conhecimento ou determinação de uma doença pelos seus sintomas ou mediante exames. Ex.: Cod_diag (código do diagnostico).
DIAMETRO	DIAM	Em uma curva, lugar geométrico dos pontos médios das cordas paralelas a uma dada direção. Ex.: Dim_ovo (diâmetro do ovo).
DIARIA	DIAR	Receita ou despesa de cada dia. Importância paga a funcionários em viagem, para seus gastos diversos. Ex.: Val_diar (valor da diária).

DIARIO OFICIAL	DOFI	Diário oficial da união. Jornal de cunho de informação oficioso do governo federal.
DIFERENCA	DIFR	Qualidade de diferente. Desigualdade. Ex.: Val_difr_taxa_cadn (valor da diferença da taxa do cadastro de anunciantes).
DIFERENCIADA	DIFD	Qualidade de diferente. Ex.: Sit_difd (situação diferenciada)
DIGITACAO	DIGT	Ato de cadastrar. Ex.: Cod_digt (código de digitação).
DIGITO	DIGI	Qualquer dos algarismos arábicos. Ex.: Num_digi_verf (número do digito de verificação).
DIGITO VERIFICADOR		Elemento utilizado para verificar a veracidade de uma determinada informação. Ex.: Dv_cgc (digito verificador do cgc).
DIREITO	DIRT	Ereto. O que é justo, conforme a lei. Conjunto das normas jurídicas vigentes.
DIRETOR	DRTR	Aquele que é responsável por uma diretoria. Ex.: Num_matr_drtr (número da matrícula do diretor).
DIRETORIA	DIRO	Repartição ou departamento de direção de uma instituição ou empresa. Ex.: Nom_diro (nome da diretoria).
DIRF	DIRF	Declaração do imposto retido na fonte.

DISCIPLINA	DISC	Regime de ordem imposta ou mesmo consentida. Submissão a um regulamento. Ex.: Cod_disc (código da disciplina).
DISPONIBILIDADE	DPON	Qualidade ou estado de disponível. Ex.: Cod_dpon (código da disponibilidade).
DISPONIVEL	DSPO	De que se pode dispor. Ex.: Cod_dspo (código disponível).
DISPOSITIVO	DISP	Regra, preceito. Conjunto de meios dispostos para certo fim.
DISTANCIA		Espaço entre duas coisas ou pessoas, intervalo. Ex.: Dis_ref_aeroporto (distância de um imóvel até o aeroporto)
DISTRIBUICAO	DSTR	Dar, repartir. Pôr em ordem. Classificar. Ex.: Cod_dstr (código de distribuição).
DISTRITO	DIST	Divisão administrativa de município ou cidade. Ex.: Cod_dist (código do distrito).
DIVERGENCIA	DIVE	Falta de concordância.
DIVIDA	DIVI	O que se deve. Obrigação, encargo. Ex.: Val_totl_divi (valor total da dívida).
DIVISA	DVSA	Sinal divisório, distintivo, marca, sentença que simboliza a ideia ou sentimento pessoal, ou a norma dum partido, cada um dos galões indicativos das patentes militares.

DIVISAO	DIVS	Ação de dividir. Segmentação. Separação. Porção. Parcela. Parte de uma casa.
DOACAO	DOAC	Efeito de transmitir gratuitamente. O que se doou. Ex.: Val_doac (valor da doação).
DOCUMENTACAO	DOCU	Conjunto de documentos
DOCUMENTO	DOCT	Qualquer escrito utilizável para consulta. Ex.: Cod_doct (código do documento).
DOENCA	DOEN	Falta ou perturbação da saúde. Ex.: Des_doen (descrição da doença).
DOMICILIAR	DOCL	Fixar residência, residência.
DOMICÍLIO	DOMC	Residência, moradia.
DOMINGO	DOMI	Primeiro dia da semana. Ex.: hor_inic_funt_domi (hora inicial de funcionamento no domingo).
DOTACAO	DOTA	Dotação.
DRIVE	DRIV	Dispositivo periférico do computador. Ex.: Tip_driv (tipo do drive).
DSN	DSN	Data.
DUPLA	DUPL	Par, dois, em dobro.
DUPLICATA	DUPL	Cópia.
DURACAO	DURA	O tempo em que uma coisa dura. Ex.: Dat_dura (data de duração).

ECONOMICA	ECON	Que controla as despesas, poupado, sombrio, austero. Ex. Are_econ (área econômica).
EDIFICACAO	EDIF	Ato de construir. Ex.: Cod_edif (código de edificação).
EDITAL	EDIT	Ato escrito oficial com determinação, aviso, postura, citação e que se afixa em lugares públicos. Ex.: Num_edit (número do edital de um concurso).
EDUCACAO	EDUC	Processo de desenvolvimento da capacidade física, intelectual e moral do ser humano. Ex.: Are_educ (área da educação).
EDUCACIONAL	EDCN	Referente à educação.
EFETIVACAO	EFET	Aquele que produz sem efeito real, positivo. Ex.: Dia_efet (dia de efetivação de algo).
EFETIVO	EFEV	Permanente, estável, fixo, que existe realmente.
EFETUADO	EFTU	Feito, terminado.
EIXO	EIXO	Peca alongada em cujas extremidades se fixam as rodas de um veículo ou máquina.
ELABORADO	ELAB	Que está preparado. Ex.: Dat_elab (data elaborado).
ELEITOR	ELET	Aquele que elege outrem. Ex.: Cod_elet (código do eleitor).
ELEITORAL	ELTL	Relativo às eleições.

ELEMENTO	ELEM	Tudo que entra na composição de alguma coisa. Cada parte de um todo. Ex.: Num_elem (número do elemento).
ELETIVA	ELTV	Relativo à, ou que envolve eleição ou e próprio dela. Ex.: Hor_eltv_intc (hora eletiva a internação).
ELÉTRICA	ELTR	Relativo à eletricidade, que tem, produz eletricidade.
ELETROMAGNETICO	ELMG	Diz-se de qualquer fenômeno de que participam campos elétricos e magnéticos
ELETRONICO	ELTC	Referente a alguma coisa constituída de circuitos elétricos. Ex.: Val_apar_eltc (valor do aparelho eletrônico).
ELEVADOR	ELEV	Equipamento destinado ao deslocamento de indivíduos, no sentido vertical, dentro de construções de alvenaria. Ex.: Num_elev (número do elevador).
EMBARGO	EMBG	Impedimento judicial a execução da obra capaz de causar prejuízo a prédio vizinho, meio defensivo utilizado por quem intervém na ação de outrem por haver sofrido turbação ou esbulho na sua posse virtude de venda judicial, arrecadação.
EMISSAO	EMIS	Ação de pôr em circulação. Ex.: Cod_emis (código de emissão).

EMITENTE	EMTT	Quem emitiu algo, responsável por. Ex.: num_matr_emtt (número da matrícula do funcionário que emitiu a guia)
EMITIDA	EMIT	Lançado fora de si. Enviada, expedida. Ex.: Qte_tern_emit (quantidade de terreno emitido).
EMPENHADO	EMPE	Dado por promessa. Por todo o empenho.
EMPENHO	EMPH	Ato de empenhar, grande desejo, esforçada intenção.
EMPLACAMENTO	EMPL	Relacionado a emplacamento de veículo.
EMPREGADOR	EMPR	Que emprega, que dá trabalho.
EMPREGATICIO	EMPG	Referente a dar uso ou aplicação, emprego. Ex.: Are_empg (área do vínculo empregatício).
EMPRESA	EMPR	Associação de pessoas para a exploração dum negócio. Ex.: Cod_empr (código da empresa).
ENCAMINHAMENTO	ENCM	Dirigir-se, guiar-se. Ex.: Num_escl_encm (número da escola de encaminhamento escolar).
ENCANADA	ENCA	Conduzir por cano ou canal, canalizar.
ENCANAMENTO	ENCT	Ato ou efeito de encanar, canalização.
ENCARGO	ECRG	Incumbência, obrigação, ocupação, cargos. Ex.: des_ecrg (descrição dos encargos pactuados).

ENCERRAMENTO	ENCR	Conclusão de algum processo.
ENCERRANTE	ENCE	Número existente na bomba de combustível para controle de saída do mesmo (em litros).
ENCONTRO	ENCO	União, convergência.
ENDERECO	ENDR	Designação do local em que um indivíduo habita ou pode ser encontrado.
ENDIVIDAMENTO	ENDV	Ato de recriar dívida, mais do que já se tem. Ex.: Val_limt_endv (valor do limite do endividamento).
ENERGIA	ENER	Faculdade que possui um corpo de produzir atividade ou trabalho.
ENFERMARIA	ENFE	Local destinado ao tratamento de enfermos. Ex.: Num_sala_enfe (número da sala de enfermaria).
ENQUADRAMENTO	ENQU	Que enquadra algo.
ENSINO	ENSI	Ato ou efeito de ensinar. Ex.: Tip_ensi (tipo de ensino).
ENTIDADE	ENTI	O que constitui a essência de uma coisa. Tudo aquilo, concreto ou abstrato, que tem realidade, isto é, que pode ser percebido no ambiente. Ex.: Cod_enti (código da entidade).
ENTRADA	ENTR	Ingresso, admissão. Ex.: Hor_entr_serv (hora da entrada de serviço dos funcionários).
ENTREGA	ENTG	Entrega de documentos.

ENTREVISTA	ENTT	Visita e conferência entre duas ou mais pessoas em local determinado com antecipação. Ex.: Dat_entt (data da entrevista).
ENTREVISTADO	ENTV	Aquele que sofre uma entrevista. Ex.: Nom_entv (nome do entrevistado).
ENTREVISTADOR	ENTD	Aquele que conduz uma entrevista. Ex.: Nom_entd (nome do entrevistador).
ENVELOPE	ENVL	Artefato utilizado para o tramite de documentos.
ENVIO	ENVI	Ato de encaminhar, conduzir. Ex.: Dat_envi (data de envio de algo).
ENVOLVIDO	ENVO	Aquele que traz para si. Encerrar. Comprometimento.
EPP	EPP	Estudo preliminar do parcelamento.
EQUIPAMENTO	EQUI	Conjunto de que serve para equipar. Ex.: Cod_equi (código do equipamento).
EQUIPE	EQUP	Grupo de pessoas que juntas se aplicam a uma tarefa ou trabalho. Ex.: Nom_equp (nome da equipe).
ERRO	ERRO	Ato ou efeito de errar, juízo falso, engano, desvio do bom caminho.
ESCALA	ESCA	Linha graduada dividida em partes iguais que indica a relação das dimensões. Ex.: va_eca_cp (valor da escala utilizada na confecção do cp).
ESCAPAMENTO	ESCP	Escapamento de veículo.

ESCLARECIMENTO	ESCM	Explicação, aclaração, elucidação. Ex.: Des_escm (descrição do esclarecimento).
ESCOAMENTO	ESCO	Declive, plano inclinado, por onde se escoam as águas.
ESCOLA	ESCL	Estabelecimento onde se ministra ensino coletivo. Ex.: Nom_escl (nome da escola).
ESCOLAR	ESCR	Relativo à escola. Ex.: Val_taxa_matr_escr (valor da taxa de matrícula escolar).
ESCOLARIDADE	ESCD	Tirocínio (aprendizado) escolar. Ex.: Dat_escd (data da escolaridade).
ESCOLHA	ESLH	Ato de selecionar. Ex.: Cod_eslh (código da escolha).
ESCRITORIO	ESCT	Local de trabalho intelectual onde é feito a expediente de uma empresa.
ESCRITURA	ESCI	Documento autêntico de um contrato. Ex.: Dat_esct (data da escritura de algum documento).
ESFERA	ESFE	Campo, setor ou ramo dentro do qual se exerce uma atividade, meio.
ESGOTO	ESGO	Sistema subterrâneo de canalização destinado a receber as águas pluviais e os detritos de um aglomerado populacional, e levá-los para lugar afastado.
ESPACAMENTO	EPCM	Distância entre duas referências. Ex.: tip_espc.

ESPECIAL	ESPL	Relativo à espécie exclusivo. Fora do comum. Ex.: Tip_trec_espl (tipo de trecho especial).
ESPECIALIDADE	ESPC	Qualidade de especial. Trabalho, profissão. Ex.: Cod_espc (código da especialidade).
ESPECIALIZADA	ESPZ	Aquela que se dedica a uma especialidade. Ex.: Are_espz (área especializada).
ESPECIE	ESPE	Gênero, natureza, qualidade. Ex.: Cod_espe (código da espécie do zoológico).
ESPECIFICACAO	ESPF	Relativo a indicar a espécie. Ex.: Dat_espf (data da especificação).
ESPECIFICO	EPCI	De, ou próprio de espécie. Ex.: Coe_espc (coeficiente específico).
ESPERADA	ESPR	Aquele que está sendo aguardado. Ex.: Qte_csta_espr (quantidade de consulta esperada).
ESPORTE	ESPO	Conjunto dos exercícios físicos praticados com método, individualmente ou em equipe, entretenimento.
ESQUADRIA	ESQD	Angulo reto. Corte em angulo reto. Pedra de cantaria. Designação genérica de portas, caixinhas, venezianas.
ESQUERDO	ESQR	Que está do lado oposto ao direito. Ex.: Com_esqr (comprimento esquerdo de uma medida qualquer).

ESQUINA	ESQN	Lugar onde duas ou mais ruas se cruzam. Ex.: Cod_esqn (código da esquina).
ESTABELECIMENTO	ESTB	Casa comercial. Ex.: Cod_estb_comr (código do estabelecimento comercial).
ESTABILIZACAO	ESTL	Manter estável.
ESTACAO	ESTC	Paragem ou pausa num lugar, estada. Centro de transmissão de rádio e TV. Ex.: Nom_estc_metr (nome da estação de metrô).
ESTACIONADO	ESTC	Parado e abandonado no local por tempo indeterminado.
ESTACIONAMENTO	ESTN	Lugar onde se estacionam (param) veículos. Ex.: Are_estn (área do estacionamento).
ESTADO	ESTD	Modo de ser ou estar. Divisão territorial de certos países. Ex.: Tip_estd (tipo de estado de algo).
ESTADUAL	ESTD	Relativo a estado.
ESTAGIO	ESTG	Fazer um estágio.
ESTATISTICA	ESTA	Coleta de dados quantitativos. Ex.: Qte_esta.
ESTIMADO	ESTM	Que se estimou, que goza de estima.
ESTIMATIVA	ESTV	Avaliação, cômputo. Ex.: Dat_estv (data de estimativa).

ESTOQUE	ESTQ	Porção armazenada de mercadorias para venda, exportação ou uso. Porção disponível de mercadoria.
ESTORNADO	ETOR	Aquele que sofreu um estorno. Ex.: Cod_land_etor (código do lançamento estornado).
ESTORNO	ESTO	Desfazer um lançamento. Ex.: Cod_esto (código do estorno).
ESTRUTURA	ESTR	Disposição e ordem das partes de um todo. Ex.: Cod_estr (código da estrutura).
ESTUDO	ESTD	Conhecimento adquirido. Ex.: Dat_estd_proj
ETAPA	ETAP	Cada uma das partes em que se pode dividir-se o desenvolvimento de um negócio, estagio. Ex.: Nom_etap (nome da etapa de um projeto).
ETARIA	ETAR	Relativo à idade. Ex.: Tip_faix_etar (tipo da faixa etária)
EVENTO	EVTO	Ocorrência de um fenômeno aleatório, de um membro de um determinado conjunto que se define a priori, acontecimento.
EXAMINADOR	EXAM	Pessoa que executa o ato de examinar. Ex.: nom_exam (nome do examinador).
EXCECAO	EXCE	Aquilo que se exclui da regra. Ex.: Cod_exce (código da exceção).
EXCEDENTE	EXCD	Que excede, aquilo que excede, excesso.

EXCESSO	EXCS	Algo que supera o limite previsto. Ex.: val_excs_arre (valor de excesso de arrecadação).
EXCLUSAO	EXCL	Ato de pôr de lado. Abandonar. Ex.: Dat_excl (data da exclusão).
EXECUCAO	EXEC	Ato de tornar efetivas as prescrições de cumprir. Ex.: Dat_exec (data de execução).
EXECUTOR	EXET	Aquele que exerce a execução. Ex.: Nom_exet (nome do executor).
EXERCE	EXRC	Pôr em exercício, exercitar.
EXERCICIO	EXER	Prática, uso. Atividade de física ou escolar com intuito de adestramento. Período de execução dos serviços dum orçamento público. Ex.: Ano_exer (ano de exercício de determinada documentação).
EXIGENCIA	EXGC	Ato de reclamar em função de direito legítimo ou suposto. Ex.: Num-exgc (número de exigência)
EXIGIDO	EXIG	Aquele que está sob exigência. Ex.: Nom_exig (nome exigido).
EXISTE	EXIS	Se é possível encontrar alguma coisa. Ex.: Ind_exis_mesg (indica se existe a mensagem).
EXPEDICAO	EXPE	Enviar algo, despachar.
EXPEDIDOR	EXPD	Aquele que remete ao destino,envio.

EXPEDIENTE	EXPT	Horário de funcionamento. Correspondência alcance de determinado fim. Ex.: Des_expt (descrição do expediente).
EXPIRACAO	EXPC	Termo de curto prazo. Terminação. Ex.: Dat_expc (data de expiração).
EXPROPRIADO	EXPR	Pessoa desapossada de sua propriedade segundo as formas legais mediante justa indenização. Ex.: no_mcp_exp (número do município expropriado).
EXPURGO	EXPU	Ato de purificar, livrar do que é nocivo. Ex.: Dat_expu (data do expurgo).
EXTENSAO		Dimensão. Tamanho.
EXTERNO	EXTE	Externa. Que está por fora ou vem de fora. Exterior. Ex.: Lar_area_exte (largura da área externa).
EXTINCAO	EXTC	Ato ou efeito de extinguir, terminar algo, aniquilar, esgotar-se. Ex.: Dat_extc (data de extinção).
EXTRA	EXTR	Que faz serviço acidental ou suplementar. Ex.: Cor_extr (cor extra).
EXTRATO	EXTT	Substância que se extraiu de outra, trecho tirado de um livro, fragmento.
FABRICACAO	FBRC	Ato de manufaturar. Ex.: Ano_fbrc_veic (ano de fabricação do veículo).
FABRICANTE	FABR	Que fabrica. Ex.: Cod_fabr (código do fabricante).

FACHADA	FACH	Qualidade das faces de um edifício, de modo geral a da frente.
FACULTATIVO	FACL	Que dá a faculdade ou o poder de algo. Não obrigatório. Ex.: Dia_facl (dia facultativo).
FAIXA	FAIX	Parte, porção.
FALECIMENTO	FALC	Morte, óbito. Ex.: Tpflcvit (tipo do falecimento da vítima).
FALTA	FALT	Ausência. Ex.: Dat_prim_falt (data da primeira data).
FAMILIA	FAMI	Pessoa do mesmo sangue. Pessoas aparentadas que vivem em geral na mesma casa. Ex.: Val_part_pend_fami (valor da parte pendente da família).
FANTASIA	FANT	Imaginação. Obra da imaginação. Vestimenta de folia de carnaval. Ex.: Nom_fat (nome de fantasia).
FARMACIA	FARM	Drogaria, local onde se comercializa medicamento.
FASE	FASE	Qualquer estágio de uma evolução que abrange uma série de modificações. Ex.: num-fase (número da fase)
FATOR	FATR	Aquele que faz ou executa algo. Aquilo que contribui para um resultado. Ex.: Val_fatr_iptu (valor do fator de iptu).

FATURAMENTO	FATU	Relativo a especificações, que acompanha a remessa de mercadorias expedidas. Ex.: Num_ord_fatu (número da ordem de faturamento).
FAVELA	FAVL	Conjunto de habitações populares precariamente construídas.
FAX	FAX	Sistema de transmissão de dados via telefônica, de grande volume, que possibilita a transmissão de documentos. Ex.: Num_fax (número de fax).
FECHADO	FECH	Dar por encerrado. Parte não aberta. Ex.: Are_fech_pilo (área fechada do pilotis).
FECHAMENTO	FCHM	Ato de obstruir a entrada. Ex.: Cod_fchm (código do fechamento).
FEDERAL	FEDR	Relativo a pais.
FEDERATIVA	FEDR	Relativo a uma federação. Ex.: Cod_fedr (código da federação).
FEIRA	FEIR	Exposição de artigos e/ou materiais para venda ou conhecimento. Ex.: Num_feir (número da feira).
FEMININO	FEMI	Próprio de mulher. Ex.: Qte_femi (quantidade de pessoas do sexo feminino).
FERIADO	FERI	Dia ou tempo em que, por determinação civil ou religiosa, se suspende o trabalho. Ex.: Nom_feri (nome do feriado).

FERIAS	FERS	Tempo que o funcionário tem por direito para gozar sendo remunerado.
FERRAMENTA	FERR	Qualquer apetrecho usado em artes e ofícios.
FICHA	FCHA	Documento utilizado para cadastramento ou armazenamento de informações. Ex.: Dat_fcha (data da ficha).
FILA	FILA	Série de coisas, pessoas dispostas em linha reta.
FILIAL	FILI	Estabelecimento comercial dependente da matriz. Ex.: Num_fili_empr (número da filial da empresa).
FIM	FIM	Ato de terminar.
FINAL	FINA	Do fim, último. Ex.: Dat_fina (data final).
FINALIDADE	FINL	Fim a que algo se destina. Ex.: Cod_finl (código da finalidade).
FINANCEIRA	FINC	Relativo a finanças. Financial.
FINANCIAMENTO	FINT	Ação ou efeito de financiar.
FIO	FIO	Porção de metal, muito flexível, de seção circular com diâmetro muito reduzido em relação ao comprimento.
FIRMA	FIRM	Nome usado para o exercício de atividades comerciais. Assinatura manuscrita. Ex.: Cod_firm (código da firma).

FISCAL	FISC	Pessoa incumbida de fiscalizar certos atos ou executar certas disposições. Relativo ao fisco. Ex.: Val_fisc (valor fiscal).
FISCALIZACAO	FISZ	Exercer o ofício de fiscal. Ex.: Dat_fisz (data de fiscalização).
FISICA	FISI	Conjunto dos gastos exteriores e materiais. Característica física.
FIXACAO	FIXA	Tornar firme, estável.
FLEXIBILIDADE	FLEX	Maleável, elasticidade.
FLUXO	FLUX	Ato ou modo de proceder ou provir. Ex.: Dat_flux_doct (data do fluxo do documento).
FOCALIZACAO	FOCA	Ato ou efeito de focalizar, focagem.
FOLGA	FOLG	Tempo destinado ao repouso.
FOLHA	FOLH	Pedaço de papel de determinado tamanho, formato, espessura e cor usadas para diferentes fins. Ex.: Num_folh_cert_nasc (número da folha da certidão de nascimento).
FONETICO	FNET	Pronúncia conforme o fonema. Ex.: Cod_fnet_logr, código fonético do nome do logradouro.
FONTE	FONT	Procedência, proveniente, origem de um recurso.
FORA	FORA	Na parte exterior.

FORMA	FOMA	Maneira, modo. Tipo determinado sob cujo modelo se faz algo. Estado, condição. Ex.: Num_foma_debt (número da forma de débito).
FORMACAO	FRMC	Formação escolar
FORMATO	FORM	Feitio, forma. Tamanho relativo de publicação. Ex.: Cod_form (código do formato).
FORMULA	FUML	Expressão de um preceito, regra, código ou princípio. Ex.: Ds_fum (descrição da fórmula utilizada).
FORMULARIO	FORL	Documento emitido em papel que requer preenchimento. Ex.: Num_fomu (número do formulário).
FORNECEDOR	FORN	Proporcionar o necessário. Ex.: Cod_forn (código do fornecedor).
FORNECIMENTO	FORC	Ato de abastecer. Ex.: Dat_forc (data de fornecimento).
FORRO	FORR	Revestimento interno do teto de um compartimento de uma edificação.
FRACAO	FRAC	Parte de um todo. Ex.: Are_frac (área de uma fração).
FREIO	FREI	Dispositivo que modera ou faz cessar o movimento de maquinismos ou veículos.
FRENTE	FREN	Parte anterior de uma superfície. Ex.: Tip_segm_fren_lote (tipo de segmento da frente de um lote).

FREQUENCIA	FREQ	Repetição em tempo predeterminado de algo. Ex.: num_freq (número de frequência)
FREQUENTADA	FRE	Visitar frequentemente, conviver com.
FRONTAL	FRON	Própria da frente ou da fronte. Ex.: Tip_afas_fron (tipo de afastamento frontal).
FROTA	FRTA	Conjunto de veículos de uma mesma categoria.
FUNCAO	FNCA	Ação própria ou natural dum órgão. Cargo serviço. Maior nível de agregação das ações de governo através das quais se procura alcançar os objetivos. Ex.: Cod_fnca (código da função).
FUNCIONAL	FUNL	Relativo a funções vitais. Destinado a um fim prático. Ex.: Are_funl (área funcional).
FUNCIONAMENTO	FUNT	Ato de funcionar bem. Ex.: hor_inic_funt_orga (hora inicial de funcionamento de um determinado órgão).
FUNCIONARIO	FUNC	Funcionário, empregado, estagiário etc. Aquele que exerce uma função. Ex.: Num_matr_func (número da matrícula do funcionário).
FUNDACAO	FUDC	Ato ou efeito de fundar, de instituir, instituição, criação.

FUNDO	FUND	Que tem fundura ou profundidade, a parte mais baixa, ou mais afastada, ou mais interior de um lugar ou região.
GABARITO	GABA	Dimensões que se devem observar em construções.
GALERIA	GALE	Conjunto de tubos enterrados destinados a conduzir águas pluviais. Estabelecimento que negocia com artistas plásticos expondo/vendendo suas obras.
GALPAO	GALP	Construção coberta e fechada pelo mesmo por três de suas faces, na altura total ou em parte dela, por paredes ou tapumes.
GARAGEM	GARA	Local onde se guarda um veículo automotor ou outros veículos. Ex.: Num_cep_gara (número do CEP da garagem).
GARANTIA	GARN	Período dado por um fabricante para utilização do produto ainda sob sua responsabilidade. Ex.: dat_garn_equi (data de garantia de um equipamento).
GASOLINA	GASL	Líquido volátil extraído do petróleo bruto.
GASTO	GAST	Que se gastou. O que se gastou ou consumiu. Despesa.

GEOGRAFICO	GEOG	Relativo a acidentes físicos, clima, solos e vegetação da terra e as relações entre o meio natural e os grupos. Ex.: Num_setr_geog (número do setor geográfico).
GERACAO	GERA	Época remota de um acontecimento. Criar alguma atividade relacionada à computação. Ex.: Dat_gera_fita (data de geração da fita).
GERAL	GERL	Abrangente.
GERÊNCIA	GERE	Função ou exercício de gerente. Nom_gere (nome da gerência).
GERÊNCIAMENTO	GERN	Administração sobre alguma coisa
GERENTE	GERT	Quem gere negócios, bens ou serviços. Ex.: Nom_gert (nome do gerente).
GESTOR	GEST	Gerador de uma atividade ou sistema. Ex.: Num_orga_gest (número do órgão gestor).
GOVERNAMENTAL	GOVE	Que é do governo.
GRAFICA	GRAF	Arte de grafar os vocábulos. Ex.: Des_graf (descrição gráfica).
GRANDE	GRDE	De tamanho, volume, intensidade, acima do normal, desenvolvido.
GRAU	GRAU	Cada um dos pontos ou estágios de uma escala ou unidade de medida angular ou termo métrica. Ex.: gra_esc (grau de escolaridade)
GRAVAMES	GRAV	Mês de gravação. Ex.: Val_juro_grav (valor do juro de gravação mensal).

GRAVIDAS	GRVD	Gestantes.
GRUPO	GRUP	Conjunto de pessoas, coisas ou objetos que formam um todo.
GUIA	GUIA	Documento que acompanha a correspondência oficial, para livre trânsito. Formulário para pagamento de importância para notificação. Ex.: Num_guia_iptu (número da guia de iptu).
HABILIDADE	HABL	Esperto e sagaz. Ex.: Tip_habl (tipo de habilidade).
HABILITACAO	HABT	Cabedal de conhecimento. Ex.: Cod_habt (código da habilitação).
HABITACAO	HBIT	Disposição natural ou adquirida, aptidão, capacidade. Ex.: Tphbi (tipo da habitação).
HABITACIONAL	HABC	Relativo à ocupação como residência. Ex.: Ind_cnjt_habc (indicador se o imóvel e conjunto habitacional ou não).
HABITE-SE	HABI	Autorização dada por órgão municipal permitindo que determinado imóvel seja ocupado. Ex.: Dat_baix_habi
HALL	HALL	Sala de grandes dimensões.
HASTA PUBLICA	HAPL	Pedido de aquisição de um lote da prefeitura feito pelo município.
HEADWAY	HEAD	Intervalo de tempo de atraso permitido em viagens de ônibus

HIDRAULICA	HIDR	Arte das construções, na água, parte da hidrodinâmica que se ocupa da circulação dos líquidos.
HIDROGRAFIA	HIDR	Conjunto das águas correntes ou estáveis de uma região
HIDROGRAFICA	HDGF	Hidrográfica.
HISTORICO	HIST	Da, ou digno de figurar na história. Exposição cronológica de fatos. Ex.: Cod_hist (código do histórico).
HODOMETRO	HDMT	Instrumento que indica distâncias percorridas. Ex.: num-hdmt
HOMEM	HOME	Ser humano do sexo masculino.
HOMOLOGACAO	HOMO	Configuração por autoridade judicial ou administrativa. Ex.: Dat_homo (data de homologação).
HORA	HORA	Hora no sentido comum. Ex.: Hor-atua (hora da atualização).
HORA-EXTRA	HEXT	Horas trabalhadas além da jornada contratual de cada empregado.
HORARIO	HORR	Tempo em que está marcado alguma ocorrência. Ex.: Idn_horr_plto (indicador de horário de plantão).
HORIZONTAL	HORZ	Linha paralela ao horizonte. Ex.: Dis_horz (distância horizontal).
HOSPITAL	HOSP	Estabelecimento onde se internam e tratam os doentes.
HOSPITALAR	HOSR	Relativo a hospital. Ex.: Num_istl_hosr (número da instalação hospitalar).

IDADE	IDAD	Número de anos de alguém, algo ou para determinar uma idade limite. Ex.: ida_min_conc (idade mínima para concurso).
IDEAL	IDEL	Que existe somente na ideia. Ex.: Val_idel (valor ideal).
IDENTIDADE	IDEN	Os caracteres próprios e exclusivos de uma pessoa. Ex.: Cod_iden (código da identidade).
IDENTIFICACAO	IDTO	Ato ou efeito de identificar-se. Ex.: Num_idto (número da identificação).
IDENTIFICADOR	IDNT	Determina a identidade de alguma coisa. Ex.: Idnt_posse identifica a quem pertence a posse do lote para campo alfanumérico sem lei de formação e sem cultura previa.
ILUMINACAO	ILUM	Ato de encher-se de luz. Ex.: Are_ilum (área de iluminação).
IMAGEM	IMAG	Representação, gráfico, plástica ou fotográfica de pessoa ou de objeto. Ex.: Gra_imag (grau da imagem).
IMOBILIARIA	IMOB	Empresa que se dedica a construção de edifícios e/ou ao comercio de lotes e casas.
IMOVEL	IMOV	Sem movimento, parado. Bem que não é imóvel. Ex.: Idn_imov (identificador do imóvel).

IMPEDIMENTO	IMPD	Ato de impossibilitar a execução ou o prosseguimento de obstruir, interromper. Ex.: Dat_impd (data de impedimento).
IMPLANTACAO	IMPN	Ato ou efeito de implantar.
IMPLEMENTACAO	IMPL	Ato ou efeito de implementar.
IMPOSTO	IMPT	Tributo, contribuição. Ex.: Val_impt (valor do imposto).
IMPRESSAO	IMPR	Ato ou efeito de imprimir.
IMPRESSORA	IMPR	Que serve para imprimir.
IMUNIDADE	IMUN	Condição de não ser sujeito a algum ônus ou encargo. Ex.: Tip_imun (tipo imunidade)
INADIMPLENTE	INAD	Que não cumpre com as obrigações. Ex.: Nom_inad (nome do inadimplente).
INATIVO	INAT	Que não está em exercício. Ex.: Num_doct_inat (número do documento inativo).
INAUGURACAO	INAU	Ato de inaugurar. Solenidade inaugural
INCENDIO	INCE	Ato de atear fogo. Ex.: Dat_ince (data do incêndio).
INCIDENCIA	INCD	Ação de recair, refletir-se. Ex.: Dat_incd (data da incidência).

INCISO	INCS	Frase que corta outra, interrompendo-lhe o sentido que exibe recortes marginais, mais ou menos, profundas e irregulares. Ex.: Num_incs (número do inciso).
INCLUSAO	INCL	Estar incluído ou compreendido. Fazer parte. Ex.: Dat_incl (data de inclusão).
INCOGNITO	INCG	Não reconhecido, escondido.
INCOMPATIBILIDADE	INCP	Que não pode harmonizar-se. Ex.: Gra_incp (grau de incompatibilidade)
INCOMPATIVEL	INCT	Que não pode harmonizar-se. Ex.: Are_inct (área incompatível). Ex.
INCONSISTENCIA	INCO	Falta de Consistência, de estabilidade ou firmeza.
INCORPORACAO	INCR	Tomar forma corpórea. Ex.: Dat_incr (data da incorporação).
INDEFERIMENTO	INDF	Dar despacho contrário. Ex.: Dat_indf (data de indeferimento).
INDEVIDO	INDV	O que não é devido ou permitido.
INDICADO	INDI	Mostrar, apontar, designar.
INDICADOR	INDR	Palavra que caracteriza uma situação lógica (afirmação e negação). Valores permitidos apenas s(sim) ou n(não). Ex.: ind_taxa_limpeza (informa se o imóvel e isento ou não do pagamento da taxa de limpeza).
INDICE	INDC	Dados distintos que se associam (ideia de conjunto) para formar um novo símbolo. Ex.: Inde_econômicos.

INDIRETO	IDRE	Não direto. Ex.: in_dsp_idr (indicação de desapropriação indireta).
INDUSTRIAL	INDU	Produzido pela indústria, industrializado. Ex.: Tip_polo_indu
INFERIOR	INFE	Que está abaixo, por baixo ou mais abaixo. Ex.: Are_infe (área inferior).
INFORMACAO	INFO	Dados sobre alguém ou algo. Ex.: Dat_info (data da informação). Ex.
INFORMATIVO	INFT	Destinado a informar ou noticiar. Ex.: Nom_inft (nome do informativo).
INFRACAO	INFR	Violação de uma lei, ordem ou tratado. Ex.: Num_tip_infr (número do tipo de infração).
INFRATOR	INFT	Aquele que infringe.
INICIAL	INIC	Que inicia. Ex.: Val_inic (valor inicial).
INICIO	INIC	Princípio, começo. Ex.: Dat_inic (data de início).
INOPERANCIA	INOP	Não produzir o efeito necessário.
INSALUBRE	INSL	Mau para a saúde. Ex.: Cod_func_insl (código do funcionário insalubre).
INSALUBRIDADE	INSD	Mau para a saúde. Ex.: Gra_insl (grau de insalubridade).
INSCRICAO	INSC	Ato de assentar em registro, lista. Ex.: Dat_insc (data da inscrição).
INSPECAO	INSP	Ato de examinar com atenção. Ex.: Dat_insp (data de inspeção).

INSS	INSS	Instituto nacional de seguridade social. Ex.: Num_insc_inss (número da inscrição do INSS).
INSTALACAO	ISTL	Conjunto de aparelhos ou peças instaladas. Ato de instalar-se. Ex.: Des_istl (descrição da instalação).
INSTITUICAO	INTI	Ato ou efeito de instituir, coisa estabelecida, fundação.
INSTRUCAO	INST	Explicação dada para um determinado fim. Ex.: Gra_inst (grau de instrução).
INSTRUMENTO	INSM	Qualquer objeto considerado em sua função ou utilidade. Ex.: Qte_insm (quantidade de instrumento)
INSUFICIENCIA	INSF	Incapacidade, maior ou menor, de um órgão para executar a função que lhe cabe. Ex.: Des_insf (descrição de insuficiência).
INTEGRADO	INTG	Tornar inteiro. Completar. Tornar-se parte integrante. Incorporar-se.
INTERCOOLER	ITCO	Tipo de peca em motores turbo para ônibus.
INTERDICAO	INTD	Interromper e impossibilitar a continuidade de determinada execução. Ex.: Dat_intd (data de interdição).
INTERESSADO	INTE	Que tem interesse em algo. Ex.: Nom_inte (nome do interessado).
INTERESSE	ITRS	Sentimento que nos leva a procurar o que é necessário, útil ou agradável.

INTERNACAO	INTC	Ato ou efeito de internar (-se).
INTERNO	INTR	Que está dentro. Interior. Ex.: Nom_intr (nome interno).
INTERRUPCAO	INTP	Cessar o que vinha fazendo. Ex.: Dat_intp (data de interrupção).
INTERVALO	INTV	Espaço entre dois pontos, dois fatos ou duas épocas, conjunto dos números reais compreendidas entre dois outros.
INTRANSITABILIDADE	INTS	Em estado por onde não é possível transitar. Ex.: Dat_ints (data de intransitabilidade).
INUMADO	INUM	Sepultado, enterrado. Ex.: Nom_inum (nome do inumado).
INVALIDEZ	INVL	Que não tem validade, que perdeu o vigor, mutilado, paralítico.
IO	IO	Entrada/SAIDA (INPUT/OUTPUT).
IPTU	IPTU	Imposto predial e territorial urbano.
IPVA	IPVA	Imposto de propriedade de veículo automotor.
IRREGULARIDADE	IRRG	Ato de alguma tarefa ilegal. Ex.: Dat_irrg (data da irregularidade).
IRRF	IRRF	Imposto de renda retido na fonte.
ISENCAO	ISEN	Ato ou efeito de eximir-se, imparcialidade, neutralidade.
ISS	ISS	Imposto sob serviço. Ex.: Num_iss (número do imposto sob serviço).

ISSQN	ISSQ	Imposto sobre serviço de qualquer natureza.
ITEM	ITEM	Cada um dos artigos ou alínea de uma exposição escrita. Ex.: Num_item_plno_cust (número do item do plano de custeio de um órgão de ação social).
ITINERARIO	ITIN	Caminho a percorrer ou percorrido. Ex.: Nom_trec_itin (nome do trecho de itinerário).
JAQUETA	JQTA	Agasalho de material resistente para proteção de alguém ou algo. Ex.: Num_jqta (número da jaqueta do microfilme).
JORNADA	JORN	Caminho que se faz num dia. Duração do trabalho diário. Ex.: Des_jorn (descrição da jornada).
JUIZ	JUIZ	Aquele que tem o poder de julgar.
JULGADO	JULD	Sentenciado. Matéria decidida em sentença ou acórdão.
JULGAMENTO	JULG	Sentença, decisão. Ex.: Dat_julg_recu (data de julgamento dos recursos).
JUNTA	JUNT	Reunião de pessoas convocadas para um determinado fim. Ex.: Num_junt_aten (número da junta de atendimento).
JURIDICO	JURD	Relativo ao direito. Conforme aos princípios do direito, lícito, legal. Ex.: Nom_jurd (nome jurídico).

JURISDICAO	JURC	Área predeterminada a qual e regida por uma lei específica.
JUROS	JURO	Lucro de dinheiro emprestado ou capital empregado, rendimento. Ex.: Val_juro (valor dos juros).
JUSTIFICATIVA	JUSF	Que serve para justificar.
KILOMETRAGEM	KILM	Referente a quilométrica e quilômetros.
LACRE	LACR	Para fechar ou selar. Ex.: num_lacr.
LADO	LADO	Lugar situado a direita ou a esquerda de alguém ou de algo. Ex.: Idn_lado_fren_lote (lado do logradouro o qual o lote está localizado em relação ao seu começo.
LAGO	LAGO	Extensão de água cercada de terras, tanque irregular de jardim.
LANCADO	LAND	Feito o lançamento. Ex.: Qte_parc_land (quantidade de parcelas lançada).
LANCAMENTO	LANC	Ato de cadastrar algo. Ex.: Dat_lanc (data do lançamento).
LARGO	LRGO	Que tem grande extensão no sentido oposto ao do comprimento, extenso, amplo.
LARGURA	LARG	A menor dimensão de uma superfície plana horizontal, em contraposição ao comprimento. Ex.: Lar_passeio.
LATERAL	LATR	Relativo ao lado.

LATITUDE	LATT	Na esfera terrestre, angulo que faz com o plano do equador terrestre o raio que passa por determinado observador ou determinada localidade.
LAUDO	LAUD	Parecer de perito, com a conclusão da perícia. Ex.: Cod_laud (código do laudo).
LAVRADA	LVDA	Redigida. Ex.: nu_lvr_lvd (número do livro da escritura lavrada).
LAVRATURA	LAVR	Ato de lavrar (escritura, documento).
LEGAL	LEGA	Relativo à lei.
LEGISLACAO	LEGS	Conjunto de regras, normas e regulamento sobre determinado assunto. Ex.: Dat_legs (data da legislação).
LEI	LEI	Regulamento maior, participante da constituição, que rege um país. Ex.: Idn_jurd_lei (identificador jurídico da lei)
LEITO	LEIT	A própria cama. Armação de madeira, ferro que sustenta o colchão da cama. Ex.: Num_leit (número do leito).
LETIVO	LETV	Em que há lições ou aulas. Relativo às atividades escolares. Ex. Ano_letv (ano letivo de escola).
LETRA	LETR	Letra, caracter. Ex.: tip_letr
LEVANTAMENTO	LEVT	Por ao alto, elevar, erguer. Ex.: Dat_levt (data do levantamento).

LIBERACAO	LBRC	Quitação ou extinção de uma dívida ou obrigação. Ex.: Idn_insm_lbrc (identificação do instrumento de liberação).
LICENCA	LICE	Consentimento, autorização. Ex.: Dat_lice (data da licença).
LICENCIADO	LICN	O que/quem obteve uma licença. Ex.: Ind_anun_licn (indica se o anúncio foi licenciado ou não).
LICITACAO	LICT	Oferecer qualquer quantia no ato de arrematação, hasta pública ou partilha judiciária.
LIDER	LIDR	Indivíduo que tem autoridade para comandar ou coordenar outros.
LIDERANCA	LIDE	Função, posição, caráter de líder.
LIMITE	LIMT	Linha de demarcação. Ex.: Dat_limt (data limite).
LIMPEZA	LIMP	Ato de livrar-se de impurezas. Ex.: Niv_limp (nível de limpeza).
LINGUAGEM	LING	Conjunto de palavras.
LINHA	LINH	Serie de palavras, em geral formando um sentido e escritas numa mesma direção de um lado a outro da página. Ex.: num_linh (número da linha).
LÍQUIDO	LIQD	Diz-se do valor que não está sujeito a redução ou a encargos. Ex.: Qte_liqd (quantidade Líquido).
LISO	LISO	Que não apresenta saliência ou aspereza.

LIVRE	LVRE	Desprendido, solto, independente.
LIVRO	LIVR	Reunião de folhas, ou por qualquer forma presos por um dos lados e enfeixados em capa. Ex.: Tip_livr (tipo de livro).
LIXO	LIXO	Restos, sobras, algo não mais utilizável. Ex.: Num_colt_lixo (número do coletor de lixo).
LOCACAO	LCCA	Aluguel, arrendamento.
LOCAL	LOCA	Relativo a determinado lugar. Ex.: Des_loca (descrição do local).
LOCALIDADE	LOCL	Lugar determinado. Ex.: Cod_locl (código da localidade).
LOCALIZACAO	LOCZ	Fixar-se em lugar certo. Ex.: Cod_locz (código da localização).
LOGICO	LOGI	Relativo a lógica. Ex.: Cod_pont_logi_conx (código do ponto lógico da conexão).
LOGIN	LOGN	Acessar um sistema com um perfil ou conta particular.
LOGRADOURO	LOGR	Praça, rua ou jardim público. Ex.: Cod_logr (código do logradouro).
LONGITUDE	LOGT	Ângulo polar, em um plano orientado, contado de uma origem arbitrária até a projeção de um ponto da esfera celeste sobre esse plano.
LOTACAO	LOTC	Capacidade de um veículo. Sala de espetáculos. Ex.: Num_lotc (número da lotação).

LOTE	LOTE	Determinada porção de objetos de uma mesma natureza. Área de terreno para construção. Ex.: Num_lote (número do lote).
LOTEAMENTO	LOTM	Área que foi loteada, ou seja, dividida em lotes.
LUBRIFICANTE	LUBR	Substância que lubrifica.
MAE	MAE	Mulher que deu a luz a um ou mais filhos, genitora. Ex.: Nom_mae (nome da mãe).
MAIUSCULA	MAIU	Letra maior que as outras, de formato peculiar. Ex.: tip_letr_maiu.
MANDATO	MAND	Poder político outorgado a um cidadão. Ex.: dat_inic_mand (data do início do mandato de um político).
MANGUE	MANG	Comunidade formada de árvores que se localizam, nos trópicos, em áreas ao lado do mar.
MANHA	MANH	Tempo que vai do nascer do sol ao meio-dia
MANTEM	MTEM	Conservar-se, aguentar-se, manter, segura.
MANTENEDOR	MNTE	Executa o ato de manutenção. Ex.: nom_empr_mnte (nome da empresa mantenedora de uma obra social).
MANUTENCAO	MANT	Ato de conservar-se.
MAPA	MAPA	Representação plana da Terra, no seu conjunto ou nas suas partes.

MARCA	MRCA	Sinal que se faz num objeto para reconhecê-lo. Desenho ou etiqueta de produtos industriais. Ex.: Des_mrca_veic (descrição da marca do veículo).
MARCACAO	MARC	Ato de marcar ou assinalar um espaço físico. Ex.: Dat_marc_prog (data de marcação do programa).
MARCADA	MRCD	Aquela que já tem um compromisso. Ex.: Qte_csta_mrcd (quantidade de consulta marcada).
MARCO	MRCO	Sinal de demarcação que se põe nos limites territoriais, coluna, pirâmide para assinalar um local ou acontecimento fronteira, limite.
MASCULINO	MASC	Próprio de homem. Ex.: Sex_masc (sexo masculino).
MASTRO	MSTR	Peça de madeira ou metal que içam bandeiras. Ex.: num_mastro
MATERIA	MTER	Texto ou composição, tipografia. Disciplina escolar. Ex.: Nom_mter (nome da matéria).
MATERIAL	MATE	Conjunto dos objetos que formam uma obra construção. Ex.: Cod_mate (código do material).
MATRICULA	MATR	Registro de pessoas sujeitas a certos serviços ou encargos. Taxa paga por quem se matricula. Ex.: Cdo_matr (código da matrícula).

MATRIZ	MTRZ	Lugar onde algo é gerado e/ou criado. Ex.: cod_prog_mtrz
MAXIMO	MAXI	Que está acima de todos. O ponto mais alto.
MCO	MCO	Mapa de controle operacional. Utilizado para controle na BHtrans.
MEDIA	MDI	Quantidade, estado ou coisa situada em determinada distância equidistante dos pontos extremos. Ex.: Md_pgto (média do pagamento).
MEDICAMENTO	MDCM	Substância que se prescreve ou aplica como remédio.
MEDICO	MEDC	Medicinal. Homem que diplomado em medicina e que a exerce. Ex.: Cod_medc (código do médico).
MEDIDA	MEDD	Tipo de unidade utilizada para saber o tamanho, peso. Ex.: Des_unid_medd (descrição da unidade de medida).
MEDIO	MEDI	Mediano. Que está no meio ou entre dois extremos. Ex.: Gra_medi (grau médio).
MEIO	MEIO	Metade. Ponto equidistante dos extremos.
MELHORIA	MELH	Transição para melhor estado ou condição. Ex.: Niv_melh (nível de melhoria).
MEMORIA	MEMO	Faculdade de reter as ideias, impressões e conhecimentos adquiridos. Ex.: Qte_memo (quantidade de memória).

MEMORIAL	MEML	Relato de memórias. Ex.: memorial descritivo.
MENSAGEM	MESG	Nota do tipo oficial que é repassado a outrem. Ex.: Des_mesg (descrição da mensagem).
MENSAL	MENS	Período referente a um mês.
MERCADORIA	MERC	Objetos a serem comercializados
MES	MES	Mês no sentido comum. Ex. Mês_cadt.
MESA	MESA	Móvel destinado ao apoio a tarefas de locação de objetos. Ex.: Qte_mesa_tres_cade (quantidade de mesas e três cadeiras autorizadas).
MESTRA	MEST	Utilizado pelo apic geoprocessamento.
META	META	Objetivo a ser alcançado. Alvo. Ex.: Des_meta (descrição da meta).
METODO	METD	Caminho pelo qual se chega a certo resultado, modo de proceder.
METRO	METR	Sistema de transporte ferroviário. Ex.: nom_estc_metr (nome da estação de metrô, estação central). nidade de medida de comprimento no Sistema Internacional de Unidades (SI). É comumente utilizado para medir a distância ou comprimento de objetos ou espaços.
METRO QUADRADO	MTR2	Unidade de uma área de um quadrado cujo lado tem o comprimento de um metro.

METROPOLITANO	MTRP	União de cidades em torno de uma cidade principal.
MICROAREA	MICA	Área pequena, minúscula.
MICROCOMPUTADOR	MCCP	Computador do tipo PC (personal computer).
MICROEMPRESA	MCEP	Empresa de pequeno porte. Ex.: nom_mcep (nome da microempresa)
MICROFILMAGEM	MICR	Ato ou operação de microfilmar.
MICROFILME	MICR	Ficha fotografada com várias informações que poderão ser armazenadas por muito tempo. Ex.: Cod_micr (código do microfilme).
MILITAR	MILT	Relativo às três forças armadas. Ex.: Are_milt (área militar).
MINERACAO	MINE	Exploração de minas.
MINIMO	MINI	A menor porção de algo. Ex.: Val_mini (valor mínimo).
MINUTA	MINU	Esboço de um decreto referente ao orçamento. Ex.: num_minu (número da minuta).
MINUTOS	MINT	Unidade de medida de intervalo de tempo igual a 60 segundos.
MODALIDADE	MODA	Forma ou característica de uma coisa, organização. Ex.: Cod_moda (código da modalidade).

MODELO	MODE	Representação em pequena escala de algo que se pretende reproduzir em grande. Ex.: Cod_mode (código do modelo).
MODULO	MODU	Parte do sistema responsável por uma tarefa bem definida. Ex.: num_modu (número de um determinado módulo).
MONETARIO	MONE	Relativo à moeda, monetário/monetária.
MONUMENTO	MONU	Obra ou construção destinada a transmitir a memória de um fato ou pessoa notável, qualquer obra notável.
MORA	MORA	Alargamento do prazo estabelecido para pagamento ou restituição de algo. Ex.: vl_mora (valor da mora)
MORADIA	MORD	Morada, habitação.
MOTIVO	MOTV	Causa, razão. Ex.: Cod_motv (código do motivo).
MOTOCICLETA	MOTO	Veículo automotor de duas rodas
MOTOR	MOTO	Que move ou faz mover. Tudo que dá movimento a um mecanismo.
MOTORISTA	MOTR	Condutor de qualquer veículo de tração mecânica.
MOVIMENTACAO	MOVM	Pôr-se em movimento. Ex.: Dat_movm (data da movimentação).
MOVIMENTO	MOVT	Pôr-se a mobilizar. Mover-se. Ex.: Tip_movt (tipo de movimento).

MUDANCA	MDCA	Troca de lugar. Ex.: Dat_mdca.
MULHERES	MULH	Pessoa do sexo feminino, depois da puberdade.
MULTA	MLTA	Pena pecuniária. Ex.: Cod_mlta (código da multa).
MULTIPLO	MULT	Que não é simples nem único. Ex.: Gra_mult (grau múltiplo).
MUNICIPAL	MUNL	Esfera a que se refere.
MUNICIPE	MUCP	Cidadão ou cidadã do município. Ex.: Nu_cpf_mcp (número do cpf do município).
MUNICIPIO	MUNC	Circunscrição administrativa autônoma do estado. Ex.: Nom_munc (nome do município).
MURO	MURO	Parede forte que circunda em recinto ou separa um lugar do outro.
NACIONALIDADE	NACI	Condição própria de cidadão de um país. Ex.: Cod_naci (código da nacionalidade)
NAO		Advérbio de negação.
NAO RESIDENCIAL	NRES	Região onde não predominam residências (utilizado no apic).
NASCIDO	NASC	Surgir. Vir ao mundo.
NASCIMENTO	NASM	Ato de nascer. Ex.: Dat_nasm (data de nascimento)

NATURALIDADE	NATR	Qualidade ou caráter natural, nascimento. Ex.: Cod_natr (código da naturalidade).
NATURALIZACAO	NATU	Razão, motivo, origem. Aquilo ou aquele que determina um acontecimento.
NATUREZA	NATZ	Todos os seres que constituem o universo. Ex.: Niv_natz (nível de natureza).
NAVEGACAO	NAVG	Ato de percorrer em navio, seguir viagem. Ex.: Cdo_navg (código de navegação).
NECESSARIO	NECS	Indispensável. Inevitável.
NEGACAO	NEGC	Ato ou efeito de negar. Ex.: Ind_negc_tram (indicador de negação ao tratamento).
NEGATIVO	NEGT	Que encerra ou exprime negação, sem efeito, nulo, de resultado contrário ao que se esperava.
NEGOCIO	NEGO	Trato mercantil, comércio.
NENHUM	NENH	Pronome indefinido, nem um, nulo, qualquer.
NIVEL	NIVE	Escala de valores que determina uma hierarquia. Ex.: Niv_imov (nível do imóvel valores permitidos - tr = térreo pv = pavimento an = andar).
NODO	NODO	Nodo, no, ponto de cruzamento de trechos (logradouros).

NOME	NOME	Palavra com que se designa pessoa, animal ou objeto. Ex.: Nom_rua
NOMEACAO	NOMC	Atribuir um cargo ou comissão a alguém. Ex.: Cod_nomc (código de nomeação).
NONO	NONO	Ordenação de nove "módulos".
NORMAL	NORM	Conforme a norma.
NOTA	NOTA	Apontamento, anotação. Comentário para compreensão de um texto. Ex.: Des_nota (descrição da nota).
NOTA FISCAL	NFIS	Documento com propriedade fiscal, emitido na compra de alguma coisa (produto, serviço). Ex.: Num_nf (número da nota fiscal).
NOTIFICACAO	NOTF	Ordem para que alguém faça ou não alguma coisa, intimação. Ex.: Dat_recb_notf (data de recebimento da notificação)
NOTURNO	NOTU	Referente ou próprio da noite, noturnal.
NOVO	NOVO	Que tem pouco tempo de existência, recente.
NUCLEO	NUCL	Ponto central ou essencial. Ex.: Dis_nucl (distância do núcleo).
NULO	NULO	Anulado.
NUMERACAO	NUMC	Ato de pôr números em processo de escrever ou representar os números. Ex.: Tip_numc (tipo de numeração).

NUMERADO	NUMD	Disposto em ordem numérica. Ex.: Val_numd (valor numerado).
NÚMERO	NUM	Ocorrência representada em sequência numérica. Ex.: Num_func.
OAB	OAB	Ordem dos advogados do Brasil.
OBITO	OBTO	Falecimento.
OBJETIVO	OBJ	Ponto de convergência de uma atividade.
OBJETO	OBJT	Coisa ou algo que existe e pode ser identificado. Corresponde ao objeto em questão. Ex.: Des_objt (descrição do objeto).
OBRA	OBRA	Efeito ou trabalho de ação. Ex.: Dat_inic_obra (data de início da obra).
OBRIGATORIEDADE	OBRG	Tornar obrigatório.
OBRIGATORIO	OBRI	Que envolve obrigação. Que obriga.
OBSERVACAO	OBS	Ato de examinar miudamente, estudar. Advertência, exame. Ex.: Des_obse (descrição da observação sobre um determinado assunto).
OBTIDO	OBTI	Ganhado, alcançado, conseguido. Ex.: Pes_obti (peso obtido).
OCASIONAL	OCAS	Casual, eventual.
OCORRENCIA	OCOR	Acontecimento, sucesso, ocasião. Ex.: Dat_ocor (data da ocorrência).
OCUPACAO	OCUP	Dedicar-se a, cuidar-se. Ex.: Cod_ocup (código da ocupação).

OCUPADO	OCUD	Ocupado/ocupada aquele que está na posse. Ex.: Cod_ocud (código de ocupado).
OCUPANTE	OCUT	Que se dedica a, cuida-se. Ex.: Nom_ocut (nome do ocupaste).
ODONTOLOGIA	ODON	Parte da medicina que se trata dos dentes e das suas afeções.
ODONTOLOGICO	ODOC	Relativo à odontologia.
OFICIAL	OFIC	Proposto por autoridade ou emanado dela. Ex.: num_bai_ofi (número do bairro oficial)
OGNI	OGNI	Objeto geográfico não identificado (utilizado pelo apic).
OITAVO	OITV	Ordenação de oito "módulos".
OLEO	OLEO	Nome comum a substâncias gordurosas, inflamáveis, de origem animal ou vegetal.
ONIBUS	ONIB	Veículo para transporte de grande quantidade de passageiros. Transporte coletivo.
ONLINE	ONLI	Em linha. Conectado diretamente com respostas imediatas. Ex.: Dis_term_onli (distância do terminal on-line).
OPCAO	OPCA	Escolha determinada, seleção.
OPERACAO	OPER	Transação, execução. Ex.: cg_ope (código da operação).
OPERACIONAL	OPEC	Transformação de um processo.

OPERADOR	OPED	Responsável pelo processo de entrar em função ou atividade.
OPERANDO	OPEN	Operando, em serviço.
ORCADO	ORCD	Sumário de arrecadação e dos gastos de certo período de tempo.
ORCAMENTARIO	ORCA	Cálculo das receitas e despesas de uma obra. Ex.: Cod_matr_orca (código de matrícula orçamentário).
ORCAMENTO	ORCT	Cálculo dos gastos para a realização de uma obra. Visão detalhada daquilo que se pretende em curto prazo em função de recursos financeiros.
ORDEM	ORDE	Disposição conveniente dos meios, disciplina, sequência. Ex.: Num_orde_serv (número da ordem de serviço).
ORGAO	ORGA	Cada parte de um maquinismo. Ex.: Nom_orga (nome do órgão)
ORIENTADOR	ORIE	Informador, quem orienta.
ORIGEM	ORIG	Princípio, procedência, causa, motivo. Ex.: Cod_trec_orig (código do trecho de origem).
OUTORGADO	OUTG	Concedido, conferido, declarado em escritura pública. Ex.: nom_outg (nome outorgado)
OUTRO	OUTR	Diferente de pessoa ou coisa especificada. Seguinte, imediato.

PACIENTE	PACI	Pessoa que está sob cuidado médico. Pessoa que poderá marcar consulta. Ex.: Nom_paci (nome do paciente).
PADRAO	PADR	O que serve de base ou norma para avaliação, medida. Ex.: Cod_padr (código do padrão).
PAGAMENTO	PGTO	Ato de reembolsar alguém do que lhe é devido. Remuneração. Ex.: Dat_pgto (data do pagamento).
PAGINA	PAGI	Lado de uma folha. Ex.: Num_pagi (número de página de um relatório).
PAGO	PAGO	Entregue para pagamento. Que recebeu paga. Ex.: Val_pago (valor pago).
PAI	PAI	Homem que tem um ou mais filhos. Genitor. Ex.: Nom_pai (nome do pai).
PAINEL	PAIN	Painel traseiro.
PALAVRA	PALV	Sua representação gráfica. Manutenção verbal ou escrita. Ex.: Tip_palv (tipo de palavra).
PARADA	PAAD	Ato ou efeito de parar. Local onde alguém ou algo para.
PARADO	PADO	Imóvel, que não se mexe.
PARAGRAFO	PARG	Seção de discurso que forma sentido complexo, e que, em regra, começa com a mudança de linha e entrada. Ex.: Cod_parg (código do parágrafo).
PARALELEPIPEDO	PALP	Pedra que tem está forma e se usa no calçamento de ruas.

PARALIZACAO	PARA	Tornar-se inerte. Ex.: Cod_para (código de paralisação).
PARAMETRO	PRMT	Valores iniciais para processo de alguma coisa.
PARCELA	PARC	Pequena parte. Cada um dos elementos submetidos à operação de soma. Ex.: Qte_parc (quantidade de parcela)
PARCELAMENTO	PARM	Fazer a divisão em parcelas para pagamento posterior. Ex.: Qte_parm (quantidade de parcelamento).
PARCERIA	PCRA	Reunião de indivíduos para a exploração de interesses em comum, sociedade.
PARECER	PARE	Ter semelhança com. Ex.: Dat_pare (data do parecer)
PAREDE	PARD	Obra de alvenaria ou de outro tipo, que forma as divisões externas dos edifícios.
PARENTESCO	PTSC	Qualidade de parente, laços de sangue.
PARQUE	PARQ	Bosque cercado onde há caça, jardim público arborizado, que se refere ao conjunto tecnológico de uma empresa.
PARTE	PART	Porção de um todo. Ex.: Ind_part_lote (indicador de parte do lote).
PARTICIPACAO	PATP	Ter ou tomar parte de.

PARTICULARIDADE	PARL	Peculiaridade, característica. Ex.: Cod_parl (código da particularidade).
PARTIDA	PRDA	Ato de partir, saída.
PASSAGEIRO	PSSG	Pessoa que viaja em um veículo. Viajante. Ex.: Qte_maxi_pssg (quantidade máxima de passageiros).
PASSAGEM	PSSA	Ato de passar por um lugar.
PASSE	PSSE	Bilhete de transito, gratuito ou não, concedido por empresa de transporte coletivo.
PASSEIO	PASE	Logradouro público, fronteiro aos estabelecimentos, destinado aos pedestres. Ex.: Com_pase_fren (comprimento do passeio em frente ao estabelecimento).
PASSIVEL	PSSI	Sujeito a penas.
PASSO	PASS	O espaço percorrido a cada um desses movimentos. Ex.: Num_pass_flux (número do passo no fluxo).
PATOLOGIA	PATO	Parte da Medicina que estuda as doenças, seus sintomas e naturezas.
PATRIMONIO	PATR	Complexo de bens materiais que pertença a uma empresa e seja suscetível de apreciação econômica. Ex.: Num_patr (número do patrimônio).
PATRONAL	PATR	Relativo a patrão ou à classe dos patrões, próprio de patrão.

PAVIMENTACAO	PAVI	Fazer o revestimento com material apropriado, do solo onde se pisa. Ex.: Qte_pavi (quantidade da pavimentação).
PAVIMENTADO	PAVT	Revestir com material apropriado, do solo onde se pisa.
PECA	PECA	Parte de um todo indiviso, de um conjunto.
PEDOLOGIA	PEDG	Ciência que estuda os solos.
PEDESTRE	PEDE	Indivíduo que caminha em determinada via pública. Ex.: Lar_trto_pede (largura da via destinada ao transito de pedestres).
PEDIDO	PEDO	Solicitação de uma tarefa ou produto. Ex.: Num_pedo (número do pedido).
PENALIDADE	PENL	Multa contra a execução de tarefas indevidas. Ex.: Cod_penl (código da penalidade).
PENDENCIA	PEND	Tempo durante o qual uma causa ou um recurso está pendente. Ex.: Des_pend (descrição da pendência de alguma coisa, por exemplo, um serviço).
PENDENTE	PNDT	Prestes a acontecer.
PENSAO	PENS	Renda anual ou mensal paga a alguém durante toda a vida, quantia paga pela educação e sustento de aluno em colégio interno, pequeno hotel de caráter familiar, encargo, ônus.

PENSIONISTA	PNST	Quem recebe pensão, especialmente do estado, quem mora em pensão.
PER-CAPITA	PRCP	Por pessoa. Ex.: renda per-capita de uma determinada população.
PERCENTUAL	PERC	Parte proporcional calculada sobre um valor de cem unidades. Ex.: Per_frac_ideal (informa porcentagem da área do terreno que cada proprietário do imóvel possui).
PERFIL	PERF	Aspectos descritivos que identificam algo ou alguém. Características marcantes.
PERIMETRO	PRME	Contorno de uma figura.
PERIODICIDADE	PERI	Indica o intervalo de tempo em que ocorre algum fato. Ex.: Per_corr (periodicidade da correspondência)
PERIODO	PERI	Período, intervalo de tempo. Ex.: Ind_peri_pre_esc.
PERMANENCIA	PERN	Ato de permanecer. Ex.: Des_perm (descrição da permanência).
PERMISSAO	PERM	Ato de dar liberdade, poder ou licença para. Ex.: Dat_perm (data de permissão).
PERMITIDO	PRMI	Dar liberdade, poder ou licença para. Admitir. Tolerar.
PERSONA	PERS	De personalizar, mudar, alterar.
PESO	PESO	Conceituado conforme a física. Ex.: Pso_func (peso do funcionário).

PESQUISA	PESQ	Levantamento de dados para posterior estudo. Ex.: Dat_pesq (data da pesquisa).
PESQUISADOR	PESR	Aquele que tem como função levantar dados para posterior estudo. Ex.: Num_pesr (número do pesquisador).
PESSOA	PESS	Ser a quem se atribui direitos e obrigações. Ex.: Cod_matr_pess (código da matrícula da pessoa).
PICO	PICO	Cume agudo de um monte ou montanha, ponto mais elevado.
PILOTIS	PILO	Colunas de sustentação de edifícios, que deixa aberto o resto do chão. Ex.: Are_pilotis (área do pilotis).
PIS	PIS	Programa integração social.
PIS/PASEP	PIPS	Programa de integração social. Programa de assistência social do servidor público.
PISO	PISO	Terreno em que se anda. Ex.: Alt_piso_teto (altura entre o piso e teto de alguma habitação).
PLACA	PLAC	Local, geralmente, de metal ou madeira, utilizado como forma de identificação ou indicação. Ex.: cod_plac_veic (código da placa do veículo).
PLANEJAMENTO	PLAN	Fazer o plano ou a planta de, projetar, traçar. Ex.: Cod_are_plan (código da área do planejamento).

PLANILHA	PLLH	Quadro usado para cálculos onde há informações.
PLANO	PLNO	Liso. Simples, fácil. Arranjo ou disposição de uma obra. Ex.: Cod_plno (código do plano)
PLANTA	PLAT	Desenho estrutural de um projeto.
PLANTAO	PLTO	Execução de hora extraordinária, com alerta para execução. Ex.: Dat_plto (data do plantão).
PLATAFORMA	PLTF	Superfície plana e horizontal, mais alta que a área circundante.
PLUVIAL	PLUV	Da chuva. Ex.: Are_pluv (área pluvial).
PNEUMATICO	PNEU	Aro de borracha com que se reveste roda de veículo.
POCO VISITA	POVI	Poço de visita, área para descer na via da rede de esgoto ou água.
POF	POF	Posto de observação fixo. Utilizado pela BHtrans para fiscalização de horário e rota de ônibus.
POLICIA	PLCI	Conjunto de leis ou regras impostas aos cidadãos com vista a moral, a ordem e a segurança pública, membro de corporação policial, policial.
POLIEDRO	POLD	Solido limitado por polígonos planos.
POLITICO	POLI	Relativo a ou próprio da política. Ex.: Nom_poli (nome do político)

POLUICAO	POLU	Ato de sujar, manchar. Tornar prejudicial 'a saúde. Ex.: Cod_are_polu (código da área de poluição).
PONTE	PNT	Construção destinada a ligar margens opostas de uma superfície liquida qualquer.
PONTO	PONT	Lugar fixo e determinado. Termo, fim, parada, ponto final. Ex.: Cod_trec_pont (código do trecho e ponto).
PONTUACAO	POTC	Ato ou efeito de pontuar.
POPULACAO	POPU	Conjunto de habitantes de um país, região, cidade. Ex.: Qte_popu (quantidade da população).
POPULACIONAL	POPL	Relativo ou respeitante à população.
POPULAR	POPR	Do, ou próprio do povo, ou feito por ele. Ex.: Are_popr (área popular).
PORTA	PRTA	Ponto por onde se entra ou sai de algum veículo ou lugar. Ex.: Qte_prta_veic (quantidade de portas de um veículo).
PORTARIA	PRTR	Local onde há um porteiro encarregado de prestar informações. Ex.: Num_prtr_prcs (número da portaria do processo).
PORTE	PORT	Ato de conduzir ou trazer informações. Ex.: Num_port_ctrd (número do porte da controladora).

POSICAO	POSI	Lugar onde está posta uma pessoa ou coisa. Ex.: Cod_posi (código da posição)
POSICIONAMENTO	POSM	Lugar onde está posta uma pessoa ou coisa. Ex.: Cod_posm (código do posicionamento)
POSSE	POSS	Detenção de uma coisa com o fim de tirar dela qualquer utilidade econômica. Ex.: Dat_poss (data da posse).
POSSUI	POSU	Ter em seu poder, fruir a posse de.
POSTERIOR	PSTE	Que acontece depois, ulterior.
POSTO	POST	Lugar onde está colocado alguém ou algo, cargo, grau hierárquico de oficial, lugar que cada um deve ocupar no desempenho de suas funções.
POTENCIA	PTNC	Forca aplicada a realização de certo efeito. Ex.: Qte_cv_ptnc (quantidade de cavalo vapor de potência).
POTENCIAL	PTNC	Relativo à potência.
PRACA	PRAC	Lugar público cercado de edifícios, mercado, feira, conjunto das casas comerciais de uma cidade.
PRAZO	PRAZ	Período de tempo prefixado para execução de determinada tarefa. Ex.: Prz_desv_ativ (prazo de desenvolvimento da atividade).
PRE	PRE	Prefixo que indica o anterior, a diária de um soldado.

PRECARIO	PRCA	Difícil, minguado, insuficiente, incerto.
PRECISAO		Necessidade, carência de alguma coisa indispensável ou útil.
PRECO	PREC	Custo unitário de alguma coisa. Ex.: Prc_equip (preço do equipamento).
PREDIO	PRED	Propriedade imóvel, rústica ou urbana. Casa, edifício. Ex.: Num_pred (número sequencial de um prédio).
PREENCHIDA	PREN	Encher, ocupar completamente.
PREENCHIMENTO	PREE	Ato de encher totalmente. Cumprir plenamente. Ex.: Ind_pree_obrig_camp (indicador do preenchimento obrigatório do campo).
PRELIMINAR	PREL	Que antecede o assunto principal para esclarecer.
PREMIO	PREM	Retribuição por serviço prestado. Ex. Dt_frs_prm (data de férias prêmio).
PRESIDENTE	PRSD	Que preside. Que dirige os trabalhos de uma assembleia. Ex.: Nom_prsd_orga (nome do presidente de um órgão).
PRESSAO	PRS	Ato ou efeito de pressionar, comprimir.
PRESTACAO	PRST	Ato de dar com presteza e cuidado. Pagamento a prazo, para solver dívida ou encargo. Ex.: Qte_prst (quantidade de prestações).

PREVIA	PREV	Conhecer suas tendências. Ex.: num_sequ_csta_prev.
PREVIDENCIARIO	PRVD	Relativo à previdência. Ex.: Stprv (situação providenciaria).
PREVISAO	PREV	O que estar por vir. Ex.: num_alun_prev_ano (número de alunos previstos no ano).
PREVISTO	PREV	Pressuposto, subentendido. Ex.: Val_prev (valor previsto)
PRIMEIRO	PRIM	Que antecede ou está acima de outros. Ex. Tip_prim_crit_clas (critério de classificação em um concurso público).
PRINCIPAL	PRIN	O mais importante. Ex.: num_via_prin (num da via principal).
PRIORIDADE	PRID	Determinação de quais tarefas deverão ser executadas em primeiro lugar. Ex.: Gra_prid (grau de prioridade).
PRIVADO	PRIV	Privada. Favorito, válido. Ex.: Are_priv (área privada).
PRIVATIVO	PRVT	Peculiar, próprio. De uso exclusivo. Ex.: Are_estc_prvt (área do estacionamento privativo).
PROBLEMA	PROB	Confusão, algo a ser resolvido.
PROCEDIMENTO	PROC	Ato de comportar-se. Ex.: Cod_proc (código do procedimento).

PROCESSADO (A)	PRCD	Tudo que consta de um processo, desde o seu começo até um determinado ponto de seu desenvolvimento, que está submetido a processo penal, denunciado, aquilo que faz parte de um processo.
PROCESSAMENTO	PRCM	Realização ou execução de alguma coisa.
PROCESSAR	PRSR	Submeter a processamento, instaurar processo contra, proceder contra, demandar.
PROCESSO	PRCS	Ato de proceder, de ir a diante. Ex.: Num_prcs (número do processo).
PROCURA	PRCU	Ato de procurar. Ex.: Tip_proc (tipo da procura).
PROCURADORIA	PRCR	Ofício, funções ou repartição do procurador. Ex.: num_livr_regt_prcr (número do livro de registro na procuradoria geral do município).
PRODUCAO	PRDC	Ambiente do usuário de uma aplicação informatizada, o que se produz, ato ou efeito de produzir.
PRODUTIVIDADE	PRTV	Indicador de produção.
PRODUTO	PRDT	Objeto final de uma produção. Ex.: num_prdt (número do produto).
PROFISSAO	PROF	Atividade da qual se podem tirar os meios de subsistência. Ex.: Cod_prof (código da profissão).
PROFISSIONAL	PROS	Quem faz uma coisa por ofício. Ex.: Cod_pros (código profissional).

PROFUNDIDADE	PROD	Profundeza, qualidade de profundo. Ex. Dis_prod (distância da profundidade).
PROGRAMA	PROG	Conjunto de instruções a serem executadas pelo computador. Fixação de objetivos concretos, bens e serviços que se pretende atingir. Exposição sumaria das intenções de um órgão. Ex.: Cod_prog (código do programa).
PROGRAMACAO	PROG	Fazer programa. Planejar.
PROIBIDO	PRBD	O que não e liberado, restrito a uma condição.
PROJECAO	PRJC	Saliência, proeminência. Ex.: Niv_prjc (nível de projeção).
PROJETADO	PROT	Que faz o projeto de. Ex.: Are_prot (área projetado).
PROJETISTA	PRJT	Aquele que projeta.
PROJETO	PROJ	Plano, empreendimento. Conjunto de operações limitadas no tempo que concorre para expansão governamental. Ex.: Cod_proj (código do projeto).
PROMISSARIO	PROM	Pessoa que possui documento com promessa de posse de determinado lote. Ex.: Num_prom_doct (número do promissório).
PROMOCAO	PRMC	Ato ou efeito de promover, elevação ou acesso a cargo ou categoria superior.

PRONTO	PRTO	Concluído que age com rapidez, instantâneo, imediato.
PRONTUARIO	PRON	Livro em que se expõe resumidamente determinada matéria com facilidade de consulta.
PROPORCIONAL	PRPC	Na mesma relação que outra coisa em intensidade.
PROPOSTA	PRPO	Nova implementação sugerida. Ex.: Num_subc_prpo (número da subcategoria proposta).
PROPRIETARIO	PROP	Quem tem a propriedade de algo. Ex.: Nom_prop (nome do proprietário).
PRORROGACAO	PROR	Fazer durar além do prazo estabelecido. Ex.: Cod_pror (código da prorrogação).
PROTETOR	PRTT	Aquele ou aquilo que protege.
PROTOCOLO	PRTC	Registro dos atos públicos. Formulário regulador de atos públicos. Ex.: Cod_prtc (código do protocolo).
PROVA	PROV	Aquilo que atestá a veracidade ou a autenticidade de algo. Ex.: Dat_prov (data da prova).
PROVISORIO	PRVS	O que não é definitivo. Ex.: num_prvs_lote (número provisório do lote no logradouro).
PROXIMO	PROX	Seguinte ao atual. Que está preste a chegar. Que está perto, vizinho, que está preste ou ocorreu muito pouco antes.

PÚBLICACAO	PBLC	Ato de tornar público. Ex.: Dat_pblc_edit (data da públicação de um edital).
PUBLICIDADE	PUBC	Qualidade do que é público ou do que é feito em público. Ex.: Tip_pubc (tipo de publicidade).
PUBLICO	PUBL	Relativo ao povo. Que é de uso de todos. Ex.: Are_publ (área pública).
QUADRA	QUDR	Compartimento com a forma aproximada de um quadrilátero. Ex.: Are_qudr (área da quadra).
QUADRICULA	QUAD	Pequeno quadrado. Ex.: Dis_quad (distância da quadrícula).
QUADRO	QUDO	Qualquer superfície limitada onde há informações, gráficos.
QUALIFICACAO	QUFC	Ato ou efeito de qualificar ou qualificar-se quanto à qualificação.
QUALIFICADOR	QUAL	Que tem certas qualidades. Ex.: Nom_qual (nome do qualificador).
QUANTIDADE	QTDE	Número de unidades ou medida que determina um conjunto de coisas consideradas como equivalentes e susceptíveis de aumento ou diminuição. Ex.: Qte_mate_estq (quantidade material em estoque).
QUARTEIRAO	QUAR	Grupo de casas situado em um logradouro compreendido entre dois outros

QUARTO	QUAR	Número ordinal. Cômodo de um imóvel. Ex.: tip_quar_crit_clas (tipo do quarto critério de classificação de um determinado concurso público).
QUATRO	QUAT	Numeração que indica a quantidade unitária de quatro. Ex.: Qte_mesa_quat_cade (quantidade de mesas e quatro cadeiras autorizadas).
QUEBRA	QUEB	Divisão de algo ou alguma coisa em várias partes homogêneas ou não. Ex.: Ind_queb_cong (indica se houve quebra de congelamento ou não).
QUEDA	QUED	Queda, descida.
QUESTAO	QUES	Pergunta, interrogação. Problema. Ex.: Cod_ques (código da questão).
QUINQUENIO	QNQN	Espaço de cinco anos.
QUINTAL	QUIT	Área da propriedade reservada ao plantio, depósito, não fazendo parte do corpo principal da propriedade.
QUINTO	QUIN	Número ordinal. Ex.: tip_quin_crit_clas (tipo do quinto critério de classificação de um determinado concurso público).
QUITACAO	QUIC	Ato de desobrigar do que devia dar ou fazer. Ex.: Val_quic (valor da quitação).
QUOTA	QUOT	Pequena percentagem de determinado item. Ex.: Val_quot.
RADIO	RADI	Recurso tecnológico de telecomunicação.

RAIS	RAIS	Relação anual de informações sociais.
RAMAL	RAML	Ramificação interna de uma rede telefônica. Ex.: num_raml (número do ramal do telefone de uma pessoa).
RATEIO	RATE	Ato ou efeito de dividir.
RAZAO	RAZA	Faculdade de avaliar, julgar, ponderar ideias universais. Raciocínio. Juízo.
REAJUSTE	REAJ	Tornar (vencimentos, ordenado, preço) proporcionados a elevação do custo de vida.
REALIZACAO	RLIZ	Acontecimento. Tornar real. Ex.: Cod_rliz (código de realização).
REALIZADO	REAL	Pôr em prática, tornar real, executar.
REATIVACAO	REAT	Tornar-se novamente ativo. Ex.: Cod_reat (código da reativação).
RECALCULO	RCAL	Recalculado. Recortar. Recomputar. Ex. Val_rcal (valor do recálculo ou valor recalculado).
RECAPAGEM	RCAP	Reutilização de uma capa.
RECEBEDOR	RECD	Quem recebe.
RECEBIDO	RECO	Tomado, aceitado. Ex.: Num_doct_reco (número do documento recebido).
RECEBIMENTO	RECB	Dar recepção. Aceitação de um pacto. Ex.: Dat_recb (data de recebimento).
RECEITA	RECE	Quantia recebida. Fórmula. Ex. Cod_rece (código da receita).

RECEPÇÃO	REPC	Ato de receber, com certo cerimonial, visitas ou cumprimentos.
RECEPTORA	RECT	Aquela que recebe. Aparelho que recebe. Ex.: Cod_rect (código da receptora).
RECLAMACAO	RCLC	Reivindicação legal, queixa, protesto. Ex. Tip_rclc (tipo de reclamação).
RECLAMANTE	RCLM	Pessoa que reclama ou propõe reclamação. Ex.: Num_cep_rclm (número do CEP do reclamante).
RECLASSIFICACAO	RECL	Repor em ordem. Ex.: dat_recl (data da reclassificação do candidato em um concurso público).
RECOLHIDO	RCLH	Retirada de circulação. Quitada. Ex.: Val_guia_rclh (valor da guia recolhida).
RECOMENDACAO	RCMD	Ato ou efeito de recomendar. Ex.: Dsrmd (descrição da recomendação).
RECUO	RCUO	Voltar ao ponto de partida ou alguma volta. Ex.: Cod_rcuo (código do recuo).
RECUPERACAO	RECP	Indenizar-se. Reaver, readquirir. Ex.: Cod_recp (código da recuperação).
RECURSO	RECU	Auxílio, ajuda. Meio de resolver um problema. Ex.: Des_recu_dspo_orga (descrição do recurso disponível em um órgão. Por exemplo: equipamento, dependência física).

REDE	REDE	Entrelaçamento de fios, formando uma espécie de tecido. Conjunto de meios de comunicação ou informação. Conjunto das vias de transporte.
REDUTOR	RDTR	Que reduz.
REDUZIDO	REDU	Diminuído.
REFERENCIA	REFE	Ato de expor falando ou por escrito. Ex.: Cod_refe (código de referência).
REGIAO	REGI	Área que se distingue de outras por características próprias.
REGIME	REGM	Regimento. Sistema político pelo qual se rege um país. Ex.: Cod_regm (código do regime).
REGIONAL	REGI	Próprio de uma região. Ex.: Cod_admt_regi (código da administração regional).
REGIONAL	REGI	Que pertence a uma região.
REGISTRADO	REGD	Aquele que está escrito ou lançado em livro especial. Ex.: Cod_doct_regd (código do documento registrado).
REGISTRO	REGT	Livro especial onde se registram ocorrências públicas. Ex.: Cod_livr_regt (código de livro de registros).
REGULAMENTACAO	REGC	Ato ou efeito de regulamentar. Ex.: Dat_regc (data da regulamentação).
REGULARIDADE	REGU	Tornar regular; regulamentar.

REINCIDENCIA	RINC	Repesar, recair novamente. Ex.: Cod_rinc (código de reincidência).
REJEICAO	REJE	Reação a um órgão ou a tecidos.
RELACAO	RELC	Ato ou efeito de relatar, narração.
RELACIONAMENTO	RELA	Adquirir amizades. Dar ou fazer relação a. Ex.: Cod_rela (código de relacionamento).
RELATORIO	RELT	Descrição verbal ou escrita daquilo que se viu, ouviu ou observou. Ex.: ds_rlt_fcl (descrição relatório fiscal).
RELOGIO	RELG	Aparelho que serve para marcar o tempo e indicar as horas.
REMANEJAMENTO	REMJ	Transferência, sem prejuízos, de objetos. Ex.: Num_alun_adms_remj (número de alunos admissão remanejamento).
REMATRÍCULA	REMA	Matrícular-se novamente.
REMETENTE	REME	Que remete.
REMISSIVA	REMI	Identificação de fichas cadastrais. Ex.: nu_rem (número da remissiva, ficha).
REMOCAO	REMO	Ato de remover.
REMUNERACAO	REMN	Pagar salários, honorários. Ex.: val_remn_mens (valor da remuneração mensal).
RENAVAM	RENA	Registro nacional de veículos automotores. Ex.: Num_rena.

RENDA	RNDA	Qualquer rendimento sujeito a obrigações tributárias.
RENDIMENTO	REND	O total das importâncias recebidas, por pessoa física ou jurídica, durante certo período como remuneração de trabalho ou de prestação de serviços ou como lucro de transações financeiras. Ex.: Val_outr_rend (valor outro rendimento).
RENOVACAO	RENV	Tornar-se novo. Recomeçar. Ex.: Dat_ulti_renv (data da última renovação).
REPASSE	REPA	Transferir, entregar.
REPERCUSSAO	REPE	Reverberação, reflexão. Ex.: Tip_repe.
REPETENCIA	REPE	Que repete. Ex.: Ind_repe (indicador de repetência).
REPETICAO	REPT	Acontecer de novo. Ex.: Dat_rept (data da repetição).
REPLICACAO	REPL	Duplicação.
REPOUSO	REPO	Dormindo.
REPRESENTANTE	REPR	Que representa. Pessoa que representa a outra. Ex.: Num_repr (número do representante)
REPRIMIDA	REPM	Conter, sofrear.
REPROGRAMACAO	REPR	Programar novamente.

REPROVACAO	REPV	Aquele que não obteve êxito no decurso do ano letivo. Ex.: Num_alun_repv (número de alunos reprovados)
REQUERIMENTO	REQU	Ato de requerer. Petição conforme as formalidades legais. Ex.: Num_requ (número do requerimento).
REQUISICAO	REQS	Pedido, solicitação. Ex.: hor_reqs_relt.
RESCISAO	RSCI	Anulação de um contrato, rompimento.
RESERVA	RESE	Aquilo que se guarda para circunstâncias imprevistas. Ex.: Dat_rese (data de reserva).
RESERVATORIO	RSVT	Depósito, sobretudo de água.
RESERVISTA	RESV	Cidadão que passou para reserva. Ex.: Cod_resv (código do reservista).
RESGATE	RGTE	Ato ou efeito de liberar, salvar. Ex.: pc_rgt_imo (percentual usado para calcular o valor de resgate do imóvel).
RESIDENCIA	RESD	Domicilio. Ex.: Dis_resd (distância da residência).
RESIDENCIAL	RESC	Relativo a residência. Ex.: Cod_endr_resc (código do endereço residencial).
RESIDUAL	RSDU	O que restá de qualquer Substância ou o próprio resíduo.
RESOLUCAO	RSLO	Meio pelo qual se decide um caso, uma questão. Ex.: Nurso (número da resolução).

RESPONSAVEL	RESP	Que responde pelos próprios atos. Ex.: Num_pers_resp_ctbl (número do responsável da contabilidade)
RESPOSTA	RSPO	Solução. Ato de revidar. Ex.: Cod_rspo (código da resposta)
RESSALVA	RESS	Nota para corrigir erro num texto. Execução, reserva, restrição. Ex.: Des_ress_proj (descrição da ressalva de um projeto).
RESTANTE	REST	Que resta. Ex.: Des_endr_rest (descrição do endereço restante).
RESTITUICAO	RSTI	Aquilo que se tinha por empréstimo ou indevidamente.
RESTO	RESO	Aquilo que sobra. Resíduo. Ex.: Des_reso (código resto).
RESTRICAO	RESR	Ato de tornar mais estreito ou apertado. Ex.: Dat_resr (data de restrição).
RESULTADO	RESL	Ato de ser consequência ou efeito. Ex.: Cod_resl (código do resultado).
RESUMIDO	RESU	Síntese de um determinado assunto. Ex.: Nom_resu (nome resumido).
RETARDADOR	RETD	Tipo auxiliar de freio.
RETENCAO	RETE	Ato ou efeito de reter (-se). Ex.: per_rete_arqo (período de retenção do arquivo).
RETIFICACAO	RETF	Correção, emendar. Ex.: Dat_retf (data da retificação).

RETIRADA	RETR	Ato ou efeito de retirar.
RETORNO	RETR	Regresso. Ex.: Dat_retr (data do regresso).
RETRATACAO	RETT	Retirar o que disse, desdizer-se. Ex.: Dat_rett (data da retratação).
REVESADOR	REVE	Aquele que revesa.
REVESTIMENTO	REVT	Ato de revestir-se. O que reveste ou cobre. Ex.: Cod_revt (código do revestimento).
REVISAO	REVS	Ato de tornar a ver. Novo exame. Ex.: val_rspo_crta_revs (valor da resposta correta após a revisão de prova).
RIO	RIO	Curso de água natural que se desloca do nível mais alto para o mais baixo, até desaguar no mar, num lago ou noutro rio.
RISCO	RSCO	Perigo, possibilidade de correr perigo. Traçado, risca, esboço.
RODAGEM	RODG	Conjunto de rodas de um mecanismo. Ato de acumular quilometragem.
RODOVIA	RODV	Estrada de rodagem.
RODOVIARIA	RDVR	Espaço para embarque e desembarque de passageiros ou carga e descarga de objetos por rodovias.
ROLETA	ROLT	Instrumento usado para contar o número de passagens por um determinado ponto

ROTA	ROTA	Caminho, direção, rumo. Ex.: Num_rota (número da rota).
ROTATORIO	ROTO	Para rodar, que tem rotatividade. Ex.: Estacionamento rotatório.
RUA	RUA	Via pública para circulação urbana total ou parcialmente ladeada de casas
RUBRICA	RUBR	Título ou entrada que constitui indicação geral do assunto. Ex.: Num_rubr (número da rubrica).
SABADO	SABA	Sétimo dia da semana. Ex.: hor_inic_funt_sabado (hora inicial de funcionamento no sábado).
SADT	SADT	Serviço de apoio diagnóstico, terapia. Ex.: Cod_sadt (código do serviço de apoio diagnostico).
SAIDA	SAID	Ato de ausentar-se. Lugar por onde se sai. Ex.: Des_said (descrição da saída).
SALA	SALA	Qualquer compartimento de uma habitação. Ex.: Sala_de_aula.
SALARIO	SALR	Paga em dinheiro, devida pelo empregadora o empregado. Ex.: Val_salr (valor do salário).
SALDO	SALD	Diferença entre débito e credito nas contas de devedores com credores. Ex.: Val_sald_debt (valor do saldo em débito).
SANITARIA	SANI	Relativo a saúde ou a higiene. Ex.: Val_taxa_sani (valor da taxa sanitária).

SARJETA	SARJ	Escoadouro de águas, vala, valeta. Escoadouro das ruas e praças públicas para águas das chuvas.
SATELITE	SATL	Corpo celeste que gravita em torno de outro. Ex.: Cod_satl (código do satélite).
SAUDE	SAUD	Estado daquele cujas funções orgânicas, físicas e mentais se acham em situação normal, voto ou saudação que se faz bebendo a saúde de alguém, brinde.
SECAO	SECA	Parte de um todo, segmento. Ex.: Cod_seca_dept (código da seção do departamento).
SECRETARIA	SECR	Local onde se faz o expediente de qualquer administração. Ex.: Cod_secr (código da secretaria).
SECRETARIO	SECR	Aquele que e responsável ou trabalha em uma secretaria. Ex.: Num-matr-secr (número da matrícula do secretario).
SECUNDARIO	SCDR	Que está em segundo lugar, de pouco valor.
SEGMENTO	SEGM	Parte destinada a algo. Ex.: Tip_segm_fren_lote (tipo do segmento da frente de um lote).
SEGUNDA	SEGD	Secundário. Ex.: Dat_segd (data da segunda).
SEGUNDO	SGND	Que está abaixo, inferior.

SEGURADO	SGDO	Que está no seguro, pessoa que pagou o prêmio do seguro.
SEGURADORA	SEGA	Firma responsável pela segurança. Ex.: Num_sega (número da seguradora).
SEGURANCA	SEGR	Estado, qualidade ou condição de seguro. Ex.: Cod_segr (código de segurança).
SEGURO	SEGU	Livre de perigo ou risco. Contrato pela qual uma das partes se obriga a indenizar outra de perigo ou prejuízo eventual.
SEIS	SEIS	Número cardinal logo acima de cinco.
SELECAO	SELE	Escolha. Ex.: Ind_sele (indicador de seleção para emissão posterior).
SEMANAL	SEMA	Relativo a semana.
SEMENTEIRA	SEMT	Lugar onde se planta sementes. Ex.: Qte_semt (quantidade de sementeiras).
SENHA	SENH	Palavra restritiva que serve para acesso confidencial a dados ou departamentos. Ex.: Nom_senh_pesr (nome da senha do pesquisador).
SENTADO	SENT	Tomar assento.
SENTENCA	SNTC	Julgamento proferido por juiz. Veredicto. Ex.:.Des_sntc (descrição da sentença).
SENTIDO	SENT	Pesaroso, triste. Cada uma das formas de receber sensações. Ex.: Cod_sent (código do sentido).

SEPARADOR	SEPA	Aquele que faz a desunião de. Ex.: Cod_sepa (código do separador).
SEPULTAMENTO	SEPU	Ato de sepultar, enterro.
SEQUENCIA	SEQU	Continuação. Ex.: Num_ulti_sequ_cred (número da última sequência de crédito).
SEQUENCIAL	SEQU	Relativo a sequência. Ex. Num_sequ_orig (número da sequência da descrição da origem. Número correspondente a linha de descrição).
SERIAL	SERI	Sequencia, sucessão. Ex.: Num_seri (número serial).
SERIE	SERI	Ordem de fatos ou de coisas ligadas por uma relação, ou que apresentam uma analogia, sequência. Ex.: Ser_doct (série do documento).
SERVICO	SERV	Ato de servir. Exercício de cargos ou funções obrigatórias. Ex. Cod_serv (código do serviço).
SERVIDOR	SERD	Que serve. Funcionário. Ex.: Cod_serd (código do servidor).
SETA	SETA	Sinal em forma de flecha que indica direção. Ex.: tip_seta.
SETIMO	SETI	Número ordinal. Ex.: tip_seti_crit_clas (tipo do sétimo critério de classificação de um determinado concurso publico).

SETOR	SETR	Subdivisão de uma zona, seção. Ex.: Num_setr_geog (número do setor geográfico).
SEXO	SEXO	Conformação física, orgânica, celular. Ex.: Sex_func (sexo do funcionário).
SEXTO	SEXT	Número ordinal. Ex.: tip_sext_crit_clas (tipo do sexto critério de classificação de um determinado concurso público).
SIGLA	SIGL	Reunião das letras iniciais dos vocábulos fundamentais de uma denominação ou título. Ex.: Sig_uf (sigla da unidade de federação).
SIMILAR	SIMI	Semelhança entre duas ou mais coisas, que possam ser substituídos sem prejuízo uma pelas outras. Ex.: Cod_cond_simi (código da condição de dependência similar).
SIMPLES	SIMP	Que não é desdobrado em partes. Sem complexidade ou dificuldade. Ex.: Num_doct_simp (número do documento simples).
SINAL	SINL	O que serve de advertência, ou possibilita conhecer ou prever algo.
SINALIZACAO	SINZ	Ato ou efeito de sinalizar. Sistema de sinais de tráfego.

SINDICATO	SIND	Associação p/ fins de estudos, defesa e coordenação de interesses econômicos e profissionais, de todos aqueles que, como empregadores, empregados, ou trabalhadores autônomos ou liberais, exercem, respectivamente atividades similares.
SINONIMO	SINN	Sinônimo. Mesmo significado. Ex.: Desc_sinn_palv des_sin_pal.
SISTEMA	SIST	Conjunto de elementos, entre os quais haja alguma relação. Reunião de elementos naturais da mesma espécie. Ex.: Cod_sist_incl (código do sistema de inclusão).
SITUACAO	SITC	Localização. Estado em que alguém ou algo se acha. Ex.: Tip_sitc_insc (tipo de situação da inscrição).
SMAU	SMAU	Secretaria municipal de atividades urbanas.
SOCIAL	SOCL	Da sociedade, ou relativo a ela. Ex.: num_ativ_socl (número da atividade social exercida por um órgão).
SOCIO	SOCI	Membro de sociedade ou associação. Ex. Num_pers_gert_soci (número do gerente-sócio).
SOCORRO	SOCR	Ajuda ou assistência a alguém que se encontra em perigo, necessidade. Para pedir auxílio.
SOFTWARE	SOFT	Aplicação desenvolvida para ser executada em computadores.

SOLICITACAO	SLIC	Induzir, incitar. Procurar, buscar. Ex.: dat_slic (data em que foi feita uma solicitação, por exemplo, de execução de um serviço).
SOLICITADO	SOLI	Aquele que está em solicitação. Ex.: Cod_soli (código do solicitado).
SOLICITANTE	SOLC	Aquele que faz a solicitação.
SOLUCAO	SOLU	Ato ou efeito de solver, resultado.
STATUS	STATE	Posição em que se encontra certa situação. Ex.: ind_stat_mesg (indicador do status de uma mensagem).
SUB	SUB	Indica um nível abaixo do principal. Ex.: sub_regional.
SUBCATEGORIA	SUBC	Subdivisão de uma categoria. Ex.: Num_subc (número de uma subcategoria).
SUB-ESPECIFICACAO	SUB_ESP	Ação de sub-especificar, descrição especificada e dependente.
SUBGRUPO	SUBG	Parte de um grupo principal.
SUBLINHA	SUBL	Salientar. Destacar.
SUBPROGRAMA	SUBP	Trechos de programas que realizam uma tarefa específica.
SUBSTITUICAO	SUBS	Ato de substituir.
SUBSTITUTIVO	SUBV	Próprio para substituir emenda. Ex.: Cod_subv (código do substitutivo).

SUBSTITUTO	SUBT	Que substitui. Ex.: Cod_subt (código do substituto).
SUFIXO	SUFX	Complemento de informação de um número. Ex.: Num_sufx_cep (número do sufixo do CEP).
SUPER	SUPR	Excesso, aumento, superioridade. Ex.: id_sup_usu (identificação do super usuário).
SUPERACAO	SUPR	Superar, transposição de um obstáculo ou desafio.
SUPERDESCRITOR	SPD	Chave formada com mais de um atributo. Ex.: Sp_capitulo_linha (super descritor formado pelos campos num capitulo e num linha).
SUPERIOR	SUPE	Que está mais acima, mais elevado. Que atingiu altíssimo grau. Ex.: Gra_supe (grau superior).
SUPERVISOR	SUPV	Aquele que dirige ou orienta em plano superior. Ex. Dat_vist_supv (data do visto do supervisor).
SUPLEMENTAR	SUPM	Relativo a, ou que serve de suplemento. Ex. Num_supm_supl (número do supervisor suplementar).
SUPLENCIA	SUPL	Ato de completar, preencher. Ex.: Dat_supl (data da suplência).
SUPLETIVO	SUPT	Estudo complementar feito por uma pessoa após está já ter completado 14 anos.

SUS	SUS	Sistema único de saúde. Ex.: Qte_csta_rliz_sus (quantidade de consulta realizada na sus).
SUSPENSAO	SUSS	Ato de interromper por algum tempo. Ex.: Dat_suss (data da suspensão).
SUSPENSO	SUSP	Que se suspendeu. Ex.: Val_susp (valor suspenso).
TABELA	TABE	Quadro onde se registram nomes de pessoas ou coisas. Lista, rol. Ex.: Cod_tabe_iptu (código da tabela de iptu).
TALAO	TALA	Parte não destacável de blocos como os de cheque. Ex.: Num_tala_disp (número de talões disponíveis)
TAMANHO	TAMA	Grandeza, corpo, dimensão, volume.
TAMPAO	TAMP	Tampão, tampa de poço de visita de rede de esgoto ou água.
TANQUE	TANQ	Reservatório para conter qualquer Líquido, pequeno açude ou lagoa artificial, carro de guerra, blindado para percorrer terrenos acidentados.
TARDE	TARD	Tempo que vai do meio-dia ao pôr do sol.
TARIFA	TARI	Registro de valor especial de um gênero.
TARIFARIO	TAFA	Registro de valor especial de um gênero.
TAXA	TAXA	Imposto, tributo. Razão de juro. Ex.: Val_taxa_iptu (valor da taxa de IPTU).

TAXACAO	TAXC	Lançar um imposto sobre. Ex.: Cod_taxc (código da taxarão).
TAXI	TAXI	Veículo automotor de aluguel que se destina a transporte de passageiros (carro de passeio).
TAXIMETRO	TAXM	Aparelho que, em carro de aluguel, mede e registra o preço que se deve pagar pelo percurso efetuado. Ex.: Ano_fbrc_taxm (ano de fabricação do taxímetro).
TECNICO	TECN	Peculiar a uma arte, ofício, ciência. Ex.: Cod_tecn (código do técnico).
TELA	TELA	Estrutura, mapa.
TELEFONE	FONE	Aparelho para transmitir, a distância, a palavra falada. Ex.: Num_fone_trab (número do telefone de trabalho).
TELEMIG	TELE	Telecomunicações de minas gerais. Ex.: ind_tele (indica se o endereço consta no cadastro da telemig).
TELEX	TELX	Sistema de transmissão de dados via linha telefônica, de baixo volume, com autenticação. Ex.: Nun_telx (número do telex).
TEMA	TEMA	Assunto que se quer provar ou desenvolver, proposição.
TEMPLO	TMPL	Edifício público destinado ao culto religioso.

TEMPO	TEMP	A sucessão dos anos, dias, horas etc., Que envolve a noção de presente, passado e futuro, momento ou ocasião apropriada para que uma coisa se realize, época, estação.
TEMPORALIDADE	TMPR	Relativo a temporal. Ex.: Prz_temp (prazo de temporalidade).
TERCA	TRCA	Terça, dia da semana, parte de algo.
TERCEIRO	TERC	Quem intercede ou intervém. Ordinário equivalente a três. Ex.: Tip_terc_crit_clas (tipo do terceiro critério de classificação em um concurso público, critério desempate).
TERMINAL	TERL	Terminação de um ponto ou corredor de acesso. Ex.: Num_terl (número do terminal).
TERMINO	TMNO	Fim, limite.
TERMO	TERM	Limite em relação ao tempo e ao espaço. Maneira, forma, teor. Ex.: Tip_term_ctro (tipo termo contrato).
TERRA	TERR	Solo no qual se anda. Localidade, lugar, povoamento. Região, território. Ex.: Ind_movt_terr (índice de movimentação).
TERRENO	TERN	Relativo à terra. Ex.: Are_tern (área do terreno).
TESTADA	TETD	Parte da rua, passeio ou estrada, pancada com a testa.

TETO	TETO	A face superior interna de uma casa ou de um aposento. Ex.: Alt_piso_teto (altura entre o piso e teto de uma habitação).
TEXTO	TEXT	Utilizado somente para componente do apic.
TIPO	TIPO	Característica ou conjunto de características que identificam e distinguem algo ou alguém dentro de uma classe específica, com valores permitidos. Ex.: Tipo_cntb (tipo de contribuinte).
TIPOLOGIA	TIPL	Ciência que tem por estudo os diversos tipos psicossomáticos humanos.
TITULACAO	TITL	Dar título a. Ex.: Tip_titl (tipo de titulação).
TITULO	TITU	Rótulo, letreiro. Designação. Ex.: Cod_titu (código do título).
TOLDO	TOLD	Cobertura que avança para o logradouro para abrigo de estabelecimentos comerciais. Ex.: Com_toldo (comprimento do toldo).
TOLERANCIA	TOLR	Ato de não exigir ou interditar, mesmo podendo fazê-lo, qualidade de tolerante.
TONELAGEM	TONL	A capacidade de um caminhão, trem etc. medida dessa capacidade.

TOPOGRAFIA	TOPG	Arte de representar no papel a configuração de uma porção de terreno com todos os acidentes que se acham na sua superfície. Ex.: Alt_topg (altura topografia).
TOPOGRAFICO	TPCO	Referente a topografia. Ex.: dt_lev_tco (data do levantamento topográfico).
TOPOGRAFO	TPFO	Especialista em topografia.
TOTAL	TOTL	Que abrange um todo, completo. Ex.: Val_totl (valor total).
TRABALHADOR	TRAR	Que trabalha. Ex.: Cod_trar (código do trabalhador).
TRABALHO	TRAB	Qualquer obra realizada.
TRAMITACAO	TRMI	Sequência de processos. Ex.: Num_trmi_doct (número da tramitação do documento).
TRANSACAO	TRAN	Tudo o que se faz por acordo, negócio.
TRANSFERENCIA	TRNS	Cessão a outrem mediante as normas legais. Ex.: Cod_trns (código de transferência).
TRANSFERIDO	TRND	Aquele que sofreu transferência. Ex.: Cod_trnd (cod_transferencia).
TRANSGRESSAO	TRNG	Desobediência a uma norma ou lei. Ex.: Tip_trng (tipo da transgressão realizada por um município).
TRANSITO	TRTO	Fluxo de pedestres ou automotivos em determinada via pública. Ex.: Lar_trto_pede (largura da via para transito dos pedestres).

TRANSMISSAO	TRNM	Ato de transmitir-se. Instrumento para transmitir movimento. Ex.: Cod_trnm (código de transmissão).
TRANSMITENTE	TRMT	Nome do município vendedor de um imóvel que não está cadastrado como proprietário deste imóvel na prefeitura. Ex.: nom_trmt (nome do transmitente).
TRANSPORTE	TRNP	Ato de conduzir ou levar de um lugar para outro. Ex.: Cod_trnp (código do transporte).
TRASEIRO	TRAS	Parte de trás.
TRATADO	TRAT	Contrato internacional referente a comercio. Ajuste, pacto. Ex.: Tip_trat_pont (tipo do tratado do ponto).
TRATAMENTO	TRAM	Acolhimento, recepção. Processo de cura. Ex.: Cod_tram (código do tratamento).
TRECHO	TREC	Espaço de tempo ou de lugar, intervalo. Porção de um todo, parte. Ex.: Tipo_trec (tipo do trecho).
TREINAMENTO	TREI	Tornar apto para determinada atividade. Ex.: idn_trei_pess (indicador da necessidade de treinamento de um quadro de pessoal).
TREM	TREM	Comboio ferroviário.

TRES	TRES	Numeração que indica a quantidade unitária de três. Ex.: Qte_mesa_tres_cade (quantidade de mesas e três cadeiras autorizadas).
TRIATLON	TRIA	Atividade de fiscalização que engloba pof, pc e rota.
TRIBUTACAO	TRIB	Prestar ou dedicar a, como tributo. Ex.: Cdo_trib (código de tributação).
TRIBUTO	TRIT	Aquilo que um estado para a outro em sinal de dependência. Imposto, contribuição. Ex.: Tip_trit (tipo do tributo).
TRIMESTRAL	TRIM	Período de três meses. Ex.: Ind_trim (indicador trimestral).
TRINCHEIRA	TRCH	Escavação no terreno.
TROCA	TROC	Ato de trocar, substituir.
TRONCO	TRON	Caule das arvores, ramo grosso da arvore parte do corpo humano, dorso antigo instrumento de tortura, origem de família, raça, parte de um solido geométrico.
TUBO	TUBO	Tubo, tubular de rede de esgoto ou água.
TUBULAO	TULO	Tubular, tubo de rede de esgoto ou água.
TUNEL	TUNE	Passagem subterrânea.
TURBO	TURB	Artifício de aumento de potência em motores.

TURMA	TURM	Grupo, bando. Grupo de indivíduos reunidos em torno dum interesse comum. Ex.: Des_turm (descrição da turma).
TURNO	TURN	Cada um dos grupos de pessoas que alternam em certos atos ou serviços. Ex.: Cod_turn (código do turno).
ULTIMO	ULTI	Que está ou vem no final. O mais recente. Ex.: Dat_ulti_trab (data do último trabalho)
UNICO	UNIC	Única/único. Que não existe similar. Singular. Ex.: Val_taxa_unic (valor da taxa única)
UNIDADE	UNID	Qualidade do que é um ou único. Quantidade que se torna arbitrariamente para termo de comparação entre grandezas. Ex.: Idn_unid_mont (indicador de unidade monetária).
UNIDADE FEDERATIVA	UF	Cada estado da federação. Ex. Sig_uf (sigla da unidade federativa).
UNITARIO	UNIT	Relativo a unidade ou relativo a unidade política de um pais.
URBANO	URBA	Relativo a cidade. Ex. Cod_trec_urba (código do trecho urbano).
USO	USO	Aplicação, utilização. Ex.: Tip_uso (tipo em uso).
USUARIO	USUA	Aquele que usa ou desfruta algo coletivo. Ex.: Cod_usua (código do usuário).

UTI	UTI	Unidade de tratamento intensivo. Ex. Cod_uti (código da UTI).
UTIL	UTIL	O que pode ter algum uso ou serventia.
UTILIDADE	UTIL	Qualidade de útil. Serventia. Ex.: Cod_util (código da utilidade).
UTILIZACAO	UTIZ	Tirar provento de, servir-se de. Ex.: Cod_utiz (código de utilização).
VAGA	VAGA	Lugar disponível. Lugar vazio. Ex.: Qte_vaga_cncr (quantidade de vagas de um concurso).
VAGO	VAGO	Não ocupado ou preenchido, desabitado, indeciso, indeterminado.
VALE	VALE	Escrito representativo de dívida por empréstimo ou por adiantamento.
VALIDADE	VALI	Tornar legitimo. Ex.: Tip_vali (tipo de validade).
VALIDO	VALD	Correto, legítimo, legal.
VALOR	VALR	Quantidade expressa em unidade monetária ou importância de uma determinada coisa estabelecida. Ex.: val_trnp (valor transporte) val_nota (valor nota).
VALVULA	VALV	Válvula, para reduzir a pressão da rede.
VARA	VARA	Vara, jurisdição.
VARANDA	VARN	Balcão, sacada. Ex.: Are_varn (área da varanda).

VARIACAO	VARI	Ato ou efeito de variar.
VARIAVEL	VRVL	Que varia, diversificado.
VAZAO	VAZA	Ato ou efeito de vazar, vazante, vazamento, escoante.
VEDACAO	VEDA	Ato ou efeito de vedar, aquilo que veda ou impede o acesso.
VEGETACAO	VEGT	Conjunto de plantas que cobrem uma região, ato ou efeito de vegetar.
VEÍCULO	VEIC	Qualquer dos meios de transporte ou condução de pessoas, objetos. Tudo que transmite ou conduz. Ex.: Cod_veic (código do veículo).
VELOCIDADE	VELC	Velocidade. Ex.: Vel_media_caminhao (velocidade média do caminhão de limpeza urbana).
VENAL	VENA	Que pode ser vendido. Ex.: Va_ven_imo (valor venal do imóvel).
VENCIMENTO	VENC	Ato de vencer ou ser vencido. Término do prazo para pagamento de algo. Ex.: Dat_base_venc (data base de vencimento).
VENDA	VEND	Ato ou efeito de vender.
VENDIDO	VEDO	Que se vendeu.
VENTOSA	VENT	Ventosa, tipo de respirado para não dar bolha de ar na rede.
VERAO	VERA	Estação do ano.

VERIFICACAO	VERF	Provar ou investigar a verdade de. Ex.: Dat_verf (data de verificação).
VERSAO	VERS	Tradução, explicação, interpretação, cada uma das várias interpretações de um fato, boato.
VERSO	VRSO	Cada uma das linhas que formam uma composição poética.
VERTICAL	VERT	Que segue a direção do prumo. Ex.: Tip_tern_vert (tipo do terreno verti cal).
VETADO	VETA	Aquilo que é proibido. Ex.: Val_veta (valor vetado).
VIA	VIA	Lugar por onde se vai ou se é levado. Caminho, direção. Ex.: Tip_via (tipo de via)
VIADUTO	VIAD	Construção destinada a transpor uma depressão do terreno ou servir de passagem superior.
VIAGEM	VIAG	Ato de ir a outro lugar.
VIARIO	VIAR	Leito da linha férrea, espaço ocupado por essa via.
VICE	VICE	Exprime a noção de substituição ou subalternidade em categoria.
VÍCIO	VCIO	Hábito de proceder mal, costume censurável ou condenável.
VIDA	VIDA	O espaço de tempo que vai do nascimento a morte. Um dado período da existência

VIDRO	VIDR	Qualquer artefato de substância sólida, transparente e quebradiça.
VIGENCIA	VIGE	Que está em vigor. Ex.: Ano_vige (ano de vigência)
VILA	VILA	Povoação de categoria superior a de aldeia ou arraial e inferior a de cidade, conjunto de pequenas casas parecidas, dispostas de modo que forma rua ou praça interior, casa de habitação cercada de jardim.
VINCULO	VINC	Tudo o que ata, liga ou aperta. Ex.: Cod_vinc (código do vínculo).
VIOLADOR	VIOL	Que ou aquele que viola ou violou.
VISITA	VISI	Ato de encontrar alguém, com horário marcado ou não. Ex.: Num_visi (número da visita)
VISITANTE	VSIT	Pessoa que não e comum a um lugar e realiza uma visita ao mesmo lugar. Ex.: Nom_vsit (nome do visitante).
VISTO	VIST	Acolhido, aceito. Ex.: Dat_vist_nf (data do visto da nota fiscal).
VISTORIA	VSTR	Inspeção a um prédio ou lugar sobre o qual existe litígio. Revista. Ex.: Num_vstr (número da vistoria).
VISUAL	VISU	Relativo à vista ou à visão.
VITIMA	VITM	Pessoa ferida, violentada, torturada. Ex.: Noruavit (nome da rua da vítima).

VOLUME	VOLM	Quantidade de espaço ocupada por um corpo. Ex.: vol_maxi_atrr (volume máximo autorizado pelo projeto para aterro do terreno).
VOLUNTARIO	VOLT	Que age espontaneamente. Ex.: Cod_volt (código do voluntário).
VOTACAO	VOTC	Ato de aprovar por meio de votos. Conjunto de votos de uma assembleia eleitoral. Ex.: Idn_votc_usua (identificação da votação do usuário).
VOTANTE	VOTN	Aquele que exerce o direito de voto. Ex.: Cep_votn (CEP do votante).
VSAM	VSAM	Arquivo vsam.
VULNERABILIDADE	VULN	Qualidade de vulnerável.
XWD	XWD	X Windows dump (formato raster-utilizado pelo apic).
ZEIS	ZEIS	Zona de especial interesse social.
ZONA	ZONA	Cinta, faixa. Região com certas peculiaridades. Ex.: Num_zona_iptu (número da zona de iptu).
ZONEAMENTO	ZONM	Zoneamento conforme a nova lei de parcelamento, uso e ocupação do solo. Ex.: Cod-zonm.

8 Curiosidades sobre Vocabulários Controlados.

Vocabulários controlados são elementos essenciais na organização da informação e permitem que dados sejam descritos e acessados de maneira consistente.

Aqui estão algumas curiosidades históricas e fatos notáveis sobre esta prática.

1. Agricultura: O AGROVOC da Organização para Alimentação e Agricultura das Nações Unidas é um thesaurus abrangendo todos os campos relacionados à agricultura.

2. Arquivo do Congresso: O sistema de classificação da Biblioteca do Congresso dos EUA (LCC) é uma das mais influentes taxonomias do mundo, estruturando milhões de publicações em capítulos alfabéticos desde o início do século XX.

3. Art & Architecture Thesaurus (AAT): Criado pelo Getty Research Institute, o AAT é um vocabulário controlado focado nos campos da arte e arquitetura, influenciando a catalogação dessas obras em todo o mundo.

4. ATC/DDD: Sistema que classifica medicamentos e fornece uma unidade de medida para o consumo de drogas, utilizado em estatísticas de uso médico.

5. Bricklink: No mundo do colecionismo dos LEGOs, Bricklink é uma plataforma online que usa um vocabulário controlado para listar e categorizar cada tipo de peça de LEGO existente.

6. CAS Registry Number: Serviços da Chemical Abstracts Service atribuem um número único a cada substância química descrita na literatura.

7. CDISC: O Consórcio de Padrões de Dados Interoperáveis Clínicos desenvolve padrões de dados para harmonizar informações clínicas, auxiliando em pesquisas e ensaios clínicos.

8. Código BIC (Book Industry Communication): Usado no mercado editorial e livreiro para classificar o conteúdo dos livros.

9. Controle de autoridade: Um dos desafios dos vocabulários controlados é o controle de autoridade, que é o processo pelo qual nomes de pessoas, organizações ou títulos de publicações são padronizados. Bibliotecas e arquivos geralmente têm sistemas complicados para garantir que cada entidade seja unicamente identificável, o que é fundamental para a pesquisa acadêmica e histórica.

10. Cruzamento com linguística: O desenvolvimento e a manutenção de vocabulários controlados cruzam com a linguística. A necessidade de compreender como as palavras são usadas e como elas mudam ao longo do tempo é crucial para manter esses vocabulários úteis e relevantes.

11. DeCS (Descritores em Ciências da Saúde): Versão em português dos MeSH produzida pela BIREME para indexar literatura científica na área da saúde.

12. Direito: O Thesaurus Jurídico é um vocabulário controlado específico para o campo do Direito, facilitando a busca e a organização de informações legais.

13. DOI (Digital Object Identifier): Sistema de identificação que permite referenciar de forma permanente conteúdo eletrônico, como artigos científicos e documentos digitais.

14. Eurovoc: Um multilinguísco thesaurus patrocinado pela União Europeia, abrangendo campos relevantes para as atividades da UE.

15. FAST (Faceted Application of Subject Terminology): Desenvolvido como uma versão simplificada do sistema de assunto da Biblioteca do Congresso para permitir uso mais amplo em várias instituições.

16. Gene Ontology (GO): Fornece um vocabulário controlado para descrever a função dos genes e proteínas em diferentes organismos.

17. Geneva Emotional Wheel: Um vocabulário controlado para classificar e descrever emoções humanas, usado em pesquisa psicológica.

18. Getty Thesaurus of Geographic Names (TGN): Um vocabulário controlado de nomes geográficos que inclui informações sobre lugares, tanto atuais quanto históricos.

19. Hazardous Materials Identification System (HMIS): Usado para classificar riscos associados a materiais químicos no ambiente de trabalho.

20. Homemônimos e sinônimos: A gestão de homônimos (palavras iguais com significados diferentes) e sinônimos (palavras diferentes com o mesmo significado) é uma tarefa complexa em vocabulários controlados e exige ajustes e revisão contínua.

21. HR-XML: Uma biblioteca de esquemas XML para o vocabulário controlado de processos de recursos humanos.

22. Iconclass: Um sistema de classificação para arte e imagens que permite a indexação e recuperação de informações visuais com base em ícones e símbolos.

23. ICPC-2 (International Classification of Primary Care): Sistema de classificação para sintomas, problemas de saúde e processos de atenção primária à saúde.

24. International Standard Book Number (ISBN): Um número de identificação único para livros que permite seu rastreamento no mercado global.

25. International Standard Industrial Classification (ISIC): Criado pela ONU, é um sistema de classificação de todas as atividades econômicas.

26. International Standard Name Identifier (ISNI): Este é um identificador único para contribuintes públicos de mídia, como autores e artistas, utilizado para resolver a ambiguidade dos nomes.

27. IPC (International Patent Classification): Utilizado para classificar patentes e invenções de acordo com as diferentes áreas da tecnologia a que pertencem.

28. Library of Congress Subject Headings (LCSH): Um dos mais amplos vocabulários controlados em uso, abrangendo quase todos os assuntos possíveis em uma biblioteca.

29. LOINC e saúde: Na área da saúde, o Logical Observation Identifiers Names and Codes (LOINC) é um exemplo de um vocabulário controlado que facilita a troca de dados de laboratório e clínicos. Criado nos anos 90, é hoje essencial para registros médicos eletrônicos e troca de informações em saúde globalmente.

30. MARC: O MARC (Machine-Readable Cataloging) é um padrão de codificação para a representação de dados de catálogo em máquinas. Foi desenvolvido na década de 1960 e é um aspecto crucial no intercâmbio de dados bibliográficos.

31. Medical Subject Headings (MeSH): O National Institutes of Health dos EUA usa o MeSH para indexar artigos para a base de dados MEDLINE/PubMed, crucial para pesquisa biomédica.

32. Multilinguismo e diversidade cultural: Com a globalização e o reconhecimento da diversidade cultural, os vocabulários controlados enfrentam o desafio de incorporar multilinguismo e interculturalidade. Isso se traduz na criação de versões de vocabulários em diferentes línguas e na inclusão de conceitos específicos de diferentes cult uras.

33. Negócios: Os vocabulários controlados em negócios incluem termos e códigos definidos que permitem a empresas de diferentes indústrias comunicarem-se com clareza.

34. North American Industry Classification System (NAICS): Usado por países da América do Norte para classificar estabelecimentos empresariais por tipo de atividade econômica.

35. Ontologias em Informática: Na informática, especialmente na inteligência artificial e na web semântica, ontologias funcionam como vocabulários controlados avançados. Elas definem as relações entre conceitos e são usadas para dar poder aos computadores de compreender e processar informações de uma maneira mais humana. A Web Ontology Language (OWL) é um exemplo de um formato de ontologia amplamente adotado.

36. ORCID: O Open Researcher and Contributor ID fornece um identificador persistente que distingue individualmente cada pesquisador.

37. Origens bibliográficas: O uso de vocabulários controlados iniciou-se, de forma mais sistemática, com bibliotecas e a necessidade de catalogar materiais de forma que pudessem ser facilmente encontrados e relacionados. O sistema de classificação Dewey, criado por Melvil Dewey em 1876, é um dos mais antigos exemplos de vocabulário controlado, organizando livros por assuntos.

38. Padrões internacionais: A UNESCO lançou a Classificação Decimal Universal (CDU) na primeira metade do século XX, que é um sistema de vocabulário controlado usado para classificar conhecimento em todas as áreas. Este esquema é um exemplo de vocabulário controlado multilíngue e tem como objetivo ser universal.

39. PANTONE: Sistema de cores usado globalmente que permite aos designers, fabricantes e fornecedores se referirem a cores específicas de forma controlada.

40. PsycINFO Thesaurus: Na psicologia, esse thesaurus é usado para indexar artigos e publicações na base de dados PsycINFO, ajudando psicólogos e pesquisadores a encontrarem recursos relevantes.

41. RDA (Resource Description and Access): Como sucessor das AACR2, RDA é um novo padrão bibliográfico que define diretrizes e padrões para a descrição de recursos de todos os tipos de conteúdo e mídia.

42. Revolução digital: Com o advento da era digital, os vocabulários controlados tornaram-se ainda mais fundamentais para a

organização da informação em bases de dados, websites e sistemas de informação. A capacidade de ligar dados de maneira eficaz através de vocabulários controlados é uma pedra angular da web semântica.

43. Ringgold Identifier: Um identificador único para organizações que publicam conteúdo científico e acadêmico, facilitando a gestão de informações editoriais e de autorias.

44. Sistema de Classificação de J.C. Licklider: Em 1965, Licklider propôs um sistema que permitiria aos computadores entenderem o significado com base no contexto. Embora não plenamente realizado, essa ideia antecipou vocabulários controlados em computação.

45. SNOMED CT (Systematized Nomenclature of Medicine -- Clinical Terms): Um dos vocabulários controlados mais abrangentes na área de saúde, usado para o registro clínico eletrônico.

46. Standard Occupational Classification (SOC): Sistema utilizado para classificar ocupações no mercado de trabalho, usado em estatísticas de emprego.

47. Taxonomia de Bloom: Utilizada na educação para classificar objetivos de ensino e criar uma linguagem comum que facilite a comunicação sobre estratégias de aprendizagem e objetivos pedagógicos.

48. Taxonomias em biologia: Um dos exemplos mais conhecidos de vocabulários controlados é a taxonomia biológica, que consiste em um sistema hierárquico para nomear e classificar organismos. Desenvolvida inicialmente por Carl Linnaeus no século XVIII, a taxonomia biológica tem regras muito estritas para a criação de novos termos.

49. TEI (Text Encoding Initiative): Diretrizes para representar textos de maneira que seja facilmente processável por computadores, mantendo o significado e a estrutura textual.

50. Thesauri padronizados: Na década de 1960, os thesauri tornaram-se populares como uma forma de vocabulário controlado, especialmente com a publicação do "Thesaurus of ERIC Descriptors". Este tipo de recurso é essencial para a recuperação de informação e foi padronizado com a publicação da norma ISO 2788 em 1974.

51. Unified Code for Units of Measure (UCUM): Facilita a representação padronizada e a conversão de unidades de medida em sistemas eletrônicos.

52. Unified Medical Language System (UMLS): Combina diversos vocabulários controlados em saúde e biomedicina para ajudar na interoperabilidade entre sistemas de informação.

53. Vocabulário para internet: No contexto da Internet, os vocabulários controlados como o Dublin Core (um conjunto de padrões de metadados para recursos da web) são cruciais para organizar e encontrar informações em meio à vastidão da rede.

54. Vocabulários de patrimônio cultural: Existem vocabulários especializados, como o CIDOC Conceptual Reference Model (CRM), usados para integrar informação relacionada ao patrimônio cultural e assegurar a sua interoperabilidade.

55. Z39.50: Protocolo internacionalmente adotado para a busca e recuperação de informação bibliográfica entre diferentes sistemas de catalogação.

9   Teste seu Conhecimento.

9.1   Perguntas.

1. Qual é o principal objetivo de um vocabulário controlado na governança de dados?
a) Limitar a expressão dos usuários para garantir a uniformidade.
b) Garantir consistência e precisão na comunicação e recuperação de dados.
c) Reduzir a quantidade de dados armazenados para otimizar o espaço.
d) Facilitar a indexação aleatória de informações.

2. Quais são os tipos de vocabulários controlados, cada um adequado para diferentes propósitos?
a) Listas de termos controlados.
b) Tesauros, ontologias, taxonomias.
c) Sistemas de classificação.
d) Todas as alternativas anteriores.

3. Qual das seguintes opções descreve melhor a função de um tesauro em um vocabulário controlado?
a) Uma simples coleção de termos preferenciais sem relações entre eles.
b) Uma estrutura hierárquica que organiza conceitos do geral para o específico.
c) Um conjunto de termos preferenciais, sinônimos e termos relacionados, mostrando relações hierárquicas ou associativas.
d) Uma modelagem detalhada das relações entre termos, incluindo propriedades e classificações.

4. Por que a atualização e correção de informações são mais gerenciáveis com um vocabulário controlado?
a) Porque o vocabulário controlado elimina a necessidade de revisões.

b) Porque ele aumenta a complexidade da linguagem, dificultando as revisões.
c) Porque ele oferece uma linguagem padronizada que serve de base, tornando as revisões mais sistemáticas.
d) Porque ele depende inteiramente da intuição humana, reduzindo a necessidade de sistemas.

5. De que maneira os algoritmos de classificação automatizada se beneficiam de um vocabulário controlado?
a) Eles se tornam mais criativos na interpretação dos dados.
b) Eles podem ignorar terminologias técnicas, focando no contexto geral.
c) Eles se tornam mais precisos e eficazes quando treinados com dados claramente definidos e consistentemente etiquetados.
d) Eles aprendem a gerar novos sinônimos, enriquecendo a linguagem.

6. Como os vocabulários controlados promovem a inclusão e acessibilidade?
a) Ao aumentar as barreiras linguísticas, incentivando o aprendizado de novos idiomas.
b) Ao restringir o acesso à informação a especialistas no assunto.
c) Ao reduzir as barreiras linguísticas e técnicas, tornando a informação acessível a um público mais amplo.
d) Ao eliminar a terminologia técnica, simplificando o conteúdo para todos.

7. Qual dos seguintes é um exemplo de vocabulário controlado usado em bibliotecas para catalogar e indexar livros?
a) Medical Subject Headings (MeSH).
b) Integrated Taxonomic Information System (ITIS).
c) Library of Congress Subject Headings (LCSH).
d) North American Industry Classification System (NAICS).

8. Em qual área o Medical Subject Headings (MeSH) é adotado?
a) Classificação de estabelecimentos comerciais e industriais.
b) Padronização da nomenclatura de espécies biológicas.
c) Nomes de lugares e características geográficas.
d) Indexação de artigos em bases de dados médicos como PubMed.

9. Qual vocabulário controlado é usado para classificar estabelecimentos comerciais e industriais de acordo com o tipo de atividade econômica?
a) Getty Thesaurus of Geographic Names (TGN).
b) North American Industry Classification System (NAICS).
c) Simple Knowledge Organization System (SKOS).
d) Library of Congress Subject Headings (LCSH).

10. Qual vocabulário controlado é frequentemente utilizado para descrever recursos digitais em bibliotecas e repositórios digitais?
a) MeSH (Medical Subject Headings).
b) LCSH (Library of Congress Subject Headings).
c) Dublin Core.
d) SNOMED CT (Systematized Nomenclature of Medicine—Clinical Terms).

11. Qual é a principal desvantagem da restrição de expressão ao trabalhar com um vocabulário controlado?
a) Pode limitar a riqueza da descrição e indexação de conteúdo.
b) Aumenta a complexidade na busca por informações.
c) Reduz a necessidade de padronização.
d) Facilita a integração de dados de diferentes domínios.

12. Qual é um dos desafios ao adotar um sistema com vocabulário controlado em organizações com grandes volumes de informações não estruturadas?
a) Aumento da criatividade dos usuários na descrição do conteúdo.
b) Redução dos custos operacionais devido à simplificação da linguagem.

c) Dificuldade e custo da transição, além do risco de falta de adesão dos usuários.

d) Facilidade na identificação de conceitos marginais ou emergentes.

13. Qual a importância de identificar sinônimos na elaboração de vocabulários controlados?

a) Expandir os resultados relevantes em sistemas de busca, considerando palavras diferentes com significados semelhantes.

b) Restringir a variedade de termos para evitar ambiguidades.

c) Simplificar a indexação, utilizando apenas um termo preferencial.

d) Ignorar variações linguísticas para manter a uniformidade.

14. O que são hiperônimos e hipônimos no contexto de vocabulários controlados?

a) Hiperônimos são termos mais específicos, enquanto hipônimos são mais abrangentes.

b) Ambos são sinônimos, utilizados para evitar repetição de termos.

c) Hiperônimos são termos mais abrangentes, enquanto hipônimos são termos mais específicos dentro de uma categoria.

d) Hiperônimos são termos técnicos, enquanto hipônimos são termos coloquiais.

15. Como a identificação de hiperônimos e hipônimos auxilia na recuperação de informações?

a) Permite que usuários naveguem pelas categorias hierárquicas e encontrem a informação desejada de maneira mais eficiente.

b) Reduz a necessidade de categorização manual dos termos.

c) Elimina a ambiguidade, restringindo os resultados da busca.

d) Facilita a tradução automática entre diferentes idiomas.

16. Qual a importância das relações entre termos em um vocabulário controlado?

a) Minimizar a quantidade de termos utilizados para simplificar a estrutura.

b) Dificultar a busca de informações, exigindo conhecimento prévio dos termos.
c) Organizar e estruturar o conjunto de termos, fornecendo informações valiosas sobre as conexões entre eles.
d) Reduzir a complexidade da análise semântica, ignorando as nuances de significado.

17. Como os sinônimos contribuem para a variação vocabular na escrita?
a) Eles possibilitam a variação vocabular, evitando a repetição excessiva de uma palavra específica.
b) Eles restringem as opções de palavras, tornando a escrita mais objetiva.
c) Eles complicam a leitura, exigindo um conhecimento mais profundo do vocabulário.
d) Eles eliminam a necessidade de adaptação do discurso ao público-alvo.

18. Qual é a função dos nomes ou identificadores nos elementos de dados?
a) Complica a arquitetura do sistema de informação.
b) São etiquetas arbitrárias sem propósito específico.
c) Conferem sentido e contexto dentro do universo informacional.
d) Reduzem a importância do modelo de dados.

19. O que é um atributo composto em um banco de dados?
a) Um atributo que armazena apenas um valor simples.
b) Um atributo que não pode ser desdobrado em partes menores.
c) Um atributo que organiza dados logicamente interligados em múltiplos subatributos.
d) Um atributo que dificulta a personalização de comunicações.

20. Qual é a principal característica de um atributo multivalorado?
a) Armazenar um único valor para um único elemento ou entidade.
b) Dificultar a normalização de bancos de dados.

c) Armazenar múltiplos valores para um único elemento ou entidade.

d) Reduzir a redundância e melhorar a integridade dos dados.

21. Qual é uma boa prática ao compor o nome de um elemento de dados?

a) Utilizar abreviações desconhecidas para economizar espaço.

b) Utilizar componentes semânticos por extenso sempre que possível.

c) Usar palavras em outras línguas para evitar repetições.

d) Colocar os qualificadores em uma sequência ilógica para confundir.

22. Qual caractere especial é recomendado para compor o nome do elemento de dados?

a) Espaço em branco.

b) Asterisco ().

c) Hífen (-).

d) Underscore (_).

23. O que deve ser feito ao utilizar acrônimos ou siglas na nomeação de elementos de dados?

a) Evitar o uso de acrônimos e siglas para garantir clareza.

b) Utilizar acrônimos ou siglas que sejam de aceitação universal ou de conhecimento geral e que façam parte do dicionário de dados.

c) Utilizar acrônimos e siglas desconhecidas para proteger a informação.

d) Utilizar acrônimos e siglas apenas em tabelas internas.

24. Como devem ser nomeadas as chaves estrangeiras em relação às chaves primárias?

a) Devem ter nomes completamente diferentes para evitar confusão.

b) Devem ter o mesmo nome das chaves primárias do arquivo dominante correspondente.

c) Devem ser abreviadas para economizar espaço no banco de dados.

d) Devem ser criptografadas para garantir a segurança dos dados.

25. O que deve ser feito quando atributos contêm a mesma informação em diferentes partes do banco de dados?
a) Nomear os atributos de forma diferente para evitar redundância.
b) Atributos que contêm a mesma informação devem ter o mesmo nome, diferenciados por qualificadores se aparecerem na mesma tabela.
c) Eliminar um dos atributos para simplificar o banco de dados.
d) Ignorar a redundância, pois ela não afeta a funcionalidade do banco de dados.

26. Em que situação é aceitável usar palavras em outras línguas na nomeação de elementos de dados?
a) Para modernizar a linguagem técnica do banco de dados.
b) Para diferenciar os elementos de dados dos demais.
c) Quando não há correspondente na língua portuguesa ou quando é um termo técnico específico e de uso comum.
d) Para facilitar a comunicação com desenvolvedores estrangeiros.

27. Qual é a importância de estruturar uma lista de palavras de uso comum na organização?
a) Para dar origem a um vocabulário controlado que incorpora os conceitos dos negócios e é utilizado para nomear atributos e outros elementos de dados.
b) Para dificultar a compreensão dos nomes dos elementos de dados.
c) Para economizar tempo na nomeação de novos elementos de dados.
d) Para restringir a liberdade dos usuários na criação de novos termos.

28. Qual é o objetivo da redução de palavras na modelagem de dados?
a) Complicar a comunicação e aumentar a ambiguidade.
b) Aumentar o tamanho dos nomes para melhor clareza.
c) Levar a sistemas mais limpos, de mais fácil manutenção e maior eficiência no processamento.

d) Ignorar a necessidade de padronização e eficiência.

29. Qual é a diferença entre abreviatura, abreviação e sigla?
a) Abreviatura e abreviação são sinônimos, enquanto sigla é um termo mais genérico.
b) Sigla é uma forma de abreviação que sempre usa todas as letras da palavra.
c) Abreviatura usa letras ou sílabas significativas com ponto, abreviação é uma forma reduzida da palavra, e sigla usa as letras iniciais de cada palavra.
d) Abreviatura e sigla são usadas apenas em contextos informais, enquanto abreviação é formal.

30. Qual é a função do ponto em uma abreviatura?
a) Indicar que a palavra está completa.
b) Indicar que a palavra não está completa.
c) Separar a abreviatura de outras palavras na frase.
d) Enfatizar a importância da abreviatura.

31. Em que situações é mais benéfico o uso de abreviaturas?
a) Em textos formais e acadêmicos, para demonstrar erudição.
b) Em meio impresso ou digital onde há limitações de espaço ou de design.
c) Quando se deseja confundir o leitor com termos desconhecidos.
d) Quando a clareza e a precisão não são importantes.

32. Qual é a importância da consistência no uso de abreviaturas?
a) A inconsistência torna o texto mais interessante e desafiador.
b) A consistência não é importante, desde que a abreviatura seja reconhecida.
c) Para evitar confusão e tornar a leitura mais fluida.
d) A inconsistência permite maior liberdade criativa na escrita.

33. Por que é recomendável definir as abreviações ao utilizá-las pela primeira vez?
a) Para exibir conhecimento técnico.
b) Para dificultar a compreensão do texto.
c) Para esclarecer o significado completo da abreviação antes de utilizá-la no restante do texto.
d) Para tornar o texto mais longo e complexo.

34. O que se deve fazer ao usar abreviações em textos formais?
a) Usar o máximo de abreviações possível para economizar espaço.
b) Assumir que o público está familiarizado com todas as abreviações.
c) Evitar o uso excessivo ou definir claramente as abreviações no início do texto.
d) Ignorar a formalidade e usar abreviações de qualquer forma.

35. Por que é importante revisar um texto em busca de abreviações inconsistentes?
a) A inconsistência não afeta a credibilidade do texto.
b) A revisão é desnecessária se o autor conhece bem as abreviações.
c) Erros ou abreviações incorretas podem prejudicar a credibilidade do texto e causar confusão ao leitor.
d) A revisão é apenas uma formalidade sem importância prática.

36. Qual é a regra geral para abreviar uma palavra corretamente?
a) Escrever as consoantes da palavra seguidas de um ponto final.
b) Escrever a última sílaba da palavra seguida de um ponto final.
c) Escrever a primeira sílaba e a letra seguinte, seguidos de ponto final abreviativo.
d) Escrever as três primeiras letras da palavra seguidas de um ponto final.

37. O que acontece com o acento na primeira sílaba ao abreviar uma palavra?
a) O acento deve ser removido para simplificar a abreviatura.
b) O acento será mantido.

c) O acento deve ser movido para a segunda sílaba.

d) O acento deve ser substituído por um apóstrofo.

38. O que fazer se a segunda sílaba de uma palavra começar com duas consoantes ao abreviar?

a) Manter apenas a primeira consoante na abreviatura.

b) Remover ambas as consoantes para simplificar.

c) Inverter a ordem das consoantes na abreviatura.

d) Mantê-las na abreviatura.

39. O que são siglas e qual a sua principal função?

a) Sinônimos de abreviações, com a mesma função de encurtar palavras.

b) Termos longos que devem ser evitados na escrita formal.

c) Formas eficientes de comunicação, simplificando termos longos ou complexos, economizando tempo e espaço.

d) Exclusivas de textos informais, sem aplicação em contextos técnicos ou acadêmicos.

40. Como se deve apresentar uma sigla pela primeira vez em um texto?

a) Utilizar apenas a sigla, sem explicação, para testar o conhecimento do leitor.

b) Escrever a sigla em negrito para destacá-la.

c) Fornecer a forma completa, seguida da sigla entre parênteses.

d) Incluir um asterisco com uma nota de rodapé explicando a sigla.

41. Qual regra geral se aplica ao uso de letras maiúsculas em siglas?

a) Utilizar sempre todas as letras em minúsculo.

b) Utilizar sempre a primeira letra em maiúsculo e as demais em minúsculo.

c) Utilizar todas as letras em maiúsculo se a sigla tiver até três letras ou se todas as letras tiverem um significado independente.

d) Utilizar todas as letras em maiúsculo apenas em títulos e subtítulos.

42. Em que contexto a semântica é comparada a uma refinaria?
a) No contexto da exploração de petróleo.
b) No contexto da informação, onde a semântica transforma dados brutos em inteligência útil.
c) No contexto da construção de edifícios.
d) No contexto da culinária, transformando ingredientes brutos em pratos elaborados.

43. Qual é a importância da padronização semântica na era da informação?
a) Fundamental para a interoperabilidade e confiabilidade dos dados, especialmente com a ascensão da Inteligência Artificial e da Web 3.0.
b) Reduzir a necessidade de análise de dados complexos.
c) Facilitar a interpretação subjetiva dos dados.
d) Limitar a capacidade de inovação e desenvolvimento tecnológico.

44. O que a Coleção Governança de Dados oferece aos profissionais?
a) Acesso a informações superficiais e desatualizadas sobre governança de dados.
b) Um conjunto de livros teóricos sem aplicação prática.
c) Uma abordagem completa, técnica e estratégica para entender, estruturar e aplicar os princípios da governança de dados.
d) Um guia para ignorar a importância da segurança e qualidade dos dados.

45. Qual é um dos benefícios de empresas que adotam boas práticas de governança de dados?
a) Aumento dos riscos de inconsistência em processos de tomada de decisão.
b) Redução da eficiência de suas operações de dados.
c) Menos riscos de inconsistência em processos de tomada de decisão e aumento da eficiência de suas operações de dados.
d) Dificuldade na adaptação ao futuro da informação.

46. Qual é o foco do livro "Semântica e Poder dos Dados: Consistência, Governança e Padronização"?
a) A relação entre tecnologia e conhecimento.
b) A importância da tecnologia na sociedade digital.
c) O impacto da semântica na governança de dados, explorando consistência, modelos semânticos e interoperabilidade entre sistemas.
d) A importância de ignorar a qualidade dos dados na tomada de decisão.

47. Quais são os três grandes grupos fundamentais em que o livro "Ativos Ocultos" categoriza os ativos ocultos?
a) Dados estruturados, dados criptografados e dados confidenciais.
b) Dados irrelevantes, dados desatualizados e dados redundantes.
c) Dados não estruturados, dados semiestruturados e conhecimento tácito.
d) Dados públicos, dados privados e dados governamentais.

48. Qual é o propósito da Coleção Big Data?
a) Complicar conceitos complexos e desencorajar a aplicação de dados.
b) Aumentar a dependência de especialistas em análise de dados.
c) Simplificar conceitos complexos e capacitar os leitores a transformar dados em insights valiosos.
d) Ignorar a importância da governança e segurança dos dados.

49. Para quem a Coleção Big Data foi concebida?
a) Apenas para cientistas de dados e engenheiros de dados experientes.
b) Apenas para gestores e líderes organizacionais de grandes corporações.
c) Para um público diverso que compartilha o objetivo de entender e aplicar o poder dos dados, incluindo profissionais, estudantes e entusiastas.

d) Apenas para aqueles que já dominam todos os conceitos de Big Data.

50. Qual é o objetivo do livro "Vocabulário Controlado para Dicionário de Dados: Um Guia Completo"?
a) Dificultar a implementação de vocabulários controlados para proteger informações confidenciais.
b) Ignorar a importância da semântica e cognição na governança de dados.
c) Explorar as vantagens e desafios da implementação de vocabulários controlados no contexto da IA e da ciência da informação, abordando desde a nomeação de elementos de dados até as interações entre semântica e cognição.
d) Reduzir a clareza e organização dos dados, priorizando a criatividade na nomeação de elementos.

9.2 Respostas.

1: b) Garantir consistência e precisão na comunicação e recuperação de dados.

2: d) Todas as alternativas anteriores.

3: c) Um conjunto de termos preferenciais, sinônimos e termos relacionados, mostrando relações hierárquicas ou associativas.

4: c) Porque ele oferece uma linguagem padronizada que serve de base, tornando as revisões mais sistemáticas.

5: c) Eles se tornam mais precisos e eficazes quando treinados com dados claramente definidos e consistentemente etiquetados.

6: c) Ao reduzir as barreiras linguísticas e técnicas, tornando a informação acessível a um público mais amplo.

7: c) Library of Congress Subject Headings (LCSH).

8: d) Indexação de artigos em bases de dados médicos como PubMed.

9: b) North American Industry Classification System (NAICS).

10: c) Dublin Core.

11: a) Pode limitar a riqueza da descrição e indexação de conteúdo.

12: c) Dificuldade e custo da transição, além do risco de falta de adesão dos usuários.

13: a) Expandir os resultados relevantes em sistemas de busca, considerando palavras diferentes com significados semelhantes.

14: c) Hiperônimos são termos mais abrangentes, enquanto hipônimos são termos mais específicos dentro de uma categoria.

15: a) Permite que usuários naveguem pelas categorias hierárquicas e encontrem a informação desejada de maneira mais eficiente.

16: c) Organizar e estruturar o conjunto de termos, fornecendo informações valiosas sobre as conexões entre eles.

17: a) Eles possibilitam a variação vocabular, evitando a repetição excessiva de uma palavra específica.

18: c) Conferem sentido e contexto dentro do universo informacional.

19: c) Um atributo que organiza dados logicamente interligados em múltiplos subatributos.

20: c) Armazenar múltiplos valores para um único elemento ou entidade.

21: b) Utilizar componentes semânticos por extenso sempre que possível.

22: d) Underscore (_).

23: b) Utilizar acrônimos ou siglas que sejam de aceitação universal ou de conhecimento geral e que façam parte do dicionário de dados.

24: b) Devem ter o mesmo nome das chaves primárias do arquivo dominante correspondente.

25: b) Atributos que contêm a mesma informação devem ter o mesmo nome, diferenciados por qualificadores se aparecerem na mesma tabela.

26: c) Quando não há correspondente na língua portuguesa ou quando é um termo técnico específico e de uso comum.

27: a) Para dar origem a um vocabulário controlado que incorpora os conceitos dos negócios e é utilizado para nomear atributos e outros elementos de dados.

28: c) Levar a sistemas mais limpos, de mais fácil manutenção e maior eficiência no processamento.

29: c) Abreviatura usa letras ou sílabas significativas com ponto, abreviação é uma forma reduzida da palavra, e sigla usa as letras iniciais de cada palavra.

30: b) Indicar que a palavra não está completa.

31: b) Em meio impresso ou digital onde há limitações de espaço ou de design.

32: c) Para evitar confusão e tornar a leitura mais fluida.

33: c) Para esclarecer o significado completo da abreviação antes de utilizá-la no restante do texto.

34: c) Evitar o uso excessivo ou definir claramente as abreviações no início do texto.

35: c) Erros ou abreviações incorretas podem prejudicar a credibilidade do texto e causar confusão ao leitor.

36: c) Escrever a primeira sílaba e a letra seguinte, seguidos de ponto final abreviativo.

37: b) O acento será mantido.

38: d) Mantê-las na abreviatura.

39: c) Formas eficientes de comunicação, simplificando termos longos ou complexos, economizando tempo e espaço.

40: c) Fornecer a forma completa, seguida da sigla entre parênteses.

41: c) Utilizar todas as letras em maiúsculo se a sigla tiver até três letras ou se todas as letras tiverem um significado independente.

42: b) No contexto da informação, onde a semântica transforma dados brutos em inteligência útil.

43: a) Fundamental para a interoperabilidade e confiabilidade dos dados, especialmente com a ascensão da Inteligência Artificial e da Web 3.0.

44: c) Uma abordagem completa, técnica e estratégica para entender, estruturar e aplicar os princípios da governança de dados.

45: c) Menos riscos de inconsistência em processos de tomada de decisão e aumento da eficiência de suas operações de dados.

46: c) O impacto da semântica na governança de dados, explorando consistência, modelos semânticos e interoperabilidade entre sistemas.

47: c) Dados não estruturados, dados semiestruturados e conhecimento tácito.

48: c) Simplificar conceitos complexos e capacitar os leitores a transformar dados em insights valiosos.

49: c) Para um público diverso que compartilha o objetivo de entender e aplicar o poder dos dados, incluindo profissionais, estudantes e entusiastas.

50: c) Explorar as vantagens e desafios da implementação de vocabulários controlados no contexto da IA e da ciência da informação, abordando desde a nomeação de elementos de dados até as interações entre semântica e cognição.

10 Conclusão.

Ao longo deste livro, exploramos um dos elementos mais fundamentais para a governança de dados eficaz: a padronização e nomeação adequada de palavras e abreviaturas. Desde a importância dos vocabulários controlados até as diretrizes práticas para a construção de estruturas de dados mais consistentes, ficou evidente que a precisão na nomenclatura é essencial para garantir interoperabilidade, confiabilidade e qualidade da informação dentro das organizações.

Compreendemos como a redução de palavras, siglas e abreviações pode facilitar o compartilhamento de dados e minimizar ambiguidades. Analisamos também as boas práticas para nomeação de elementos de dados, estudamos os padrões adotados por grandes organizações e vimos exemplos de implementação bem-sucedida.

Mas este é apenas o começo.

A governança de dados não é um conceito isolado. Ela é a base para qualquer estratégia robusta de Inteligência Artificial, Aprendizado de Máquina e Análise Preditiva. Cada componente estruturado corretamente contribui para que os modelos de IA operem com maior precisão e confiabilidade.

A coleção Governança de Dados foi concebida para levar você a uma jornada completa pelo mundo da gestão da informação. Cada volume aborda um elemento essencial para a construção de um ecossistema de dados bem governado. Ao mergulhar na coleção, você descobrirá como arquitetura da informação, qualidade dos dados, segurança, linhagem e metadados desempenham papéis críticos na formação de um ambiente preparado para a Inteligência Artificial.

Se você deseja aprofundar seus conhecimentos e se tornar um profissional indispensável para o futuro da gestão de dados e IA, esta coleção é o seu próximo passo.

Os dados são o novo ouro. Aqueles que sabem estruturá-los e governá-los com precisão estarão sempre um passo à frente.

Agora, cabe a você dar o próximo passo.

Continue sua jornada e explore toda a coleção Governança de Dados.

11 Bibliografia.

Aitchison, J., Gilchrist, A., & Bawden, D. (2000). Thesaurus construction and use: A practical manual (4th ed.). London: Aslib IMI.

ANSI/NISO Z39.19. (2005). Guidelines for the Construction, Format, and Management of Monolingual Controlled Vocabularies. Bethesda, MD: NISO Press.

Broughton, V. (2006). Essential Thesaurus Construction. London: Facet Publishing.

Chan, L. M., & Zeng, M. L. (2006). Exploring metadata standards for knowledge organization: Perspectives from international standards. Cataloging & Classification Quarterly, 40(3-4), 69-94.

Green, R. (2001). Relationships in the Organization of Knowledge. Dordrecht: Kluwer Academic Publishers.

Hedden, H. (2010). The Accidental Taxonomist. Medford, New Jersey: Information Today, Inc.

Hodge, G. (2000). Systems of Knowledge Organization for Digital Libraries: Beyond Traditional Authority Files (1st ed.). Washington DC: The Digital Library Federation, Council on Library and Information Resources.

ISO 25964-1:2011. (2011). Information and documentation – Thesauri and interoperability with other vocabularies – Part 1: Thesauri for information retrieval. Geneva: International Organization for Standardization.

ISO 25964-2:2013. (2013). Information and documentation – Thesauri and interoperability with other vocabularies – Part 2: Interoperability with other vocabularies. Geneva: International Organization for Standardization.

Lancaster, F. W. (2003). Indexing and abstracting in theory and practice (3rd ed.). Champaign, IL: Graduate School of Library and Information Science, University of Illinois at Urbana-Champaign.

López-Huertas, M. J. (2016). Challenges and opportunities of thesauri in the current digital environment. In K. Golub (Ed.), Subject Access to Information: An Interdisciplinary Approach. Santa Barbara, CA: ABC-CLIO.

Milstead, J., & Feldman, S. (1999). Reengineering thesauri for new applications: The AGROVOC example. Journal of Digital Information, 1(8).

National Information Standards Organization (NISO). (2004). Guidelines for the Construction, Format, and Management of Monolingual Thesauri Developed by ANSI/NISO (ANSI/NISO Z39.19-2003). Bethesda, MD: NISO Press.

Soergel, D. (1974). Thesauri as tools for the management of information: A primer. Library Trends, 23(2), 175-214.

Svenonius, E. (2000). The Intellectual Foundation of Information Organization. Cambridge, MA: MIT Press.

Zeng, M. L., & Qin, J. (2008). Metadata. New York: Neal-Schuman Publishers.

12 Conheça a coleção Governança de Dados: O Conhecimento Que Destaca Empresas e Profissionais na Era da Informação.

A informação é hoje o ativo mais valioso. Como consequência a governança de dados não é mais um diferencial – é uma necessidade inegociável. A coleção Governança de Dados, à venda na Amazon, oferece uma abordagem completa, técnica e estratégica para quem deseja entender, estruturar e aplicar os princípios da governança de dados no cenário corporativo e acadêmico.

Seja você um gestor, cientista de dados, analista de informação ou tomador de decisões estratégicas, esta coleção é indispensável para dominar a qualidade, segurança, semântica e padronização dos dados.

12.1 O Que Você Vai Encontrar na Coleção?

Cada volume da coleção "Governança de Dados" explora um aspecto essencial desse universo, trazendo conceitos fundamentais, aplicações práticas e reflexões críticas sobre a relação entre informação, tecnologia e sociedade.

Invista no Seu Conhecimento e Destaque-se na Era da Informação!

- A Coleção Governança de Dados é mais do que um conjunto de livros – é um passaporte para o domínio da informação em um mundo cada vez mais orientado por dados.

- Aprenda com um especialista reconhecido na área de inteligência de dados, semântica e governança corporativa: o Prof. Marcão.

- Tenha acesso a conteúdo de alta qualidade, baseado nos padrões mais atuais e aplicáveis ao mercado.

- Transforme sua visão sobre governança e estruturação de dados, ganhando vantagem competitiva na sua carreira.

GARANTA AGORA SUA COLEÇÃO COMPLETA NA AMAZON!

12.2 Por Que Esta Coleção é Essencial Para Você?

Aprofunde Seu Conhecimento!

Mais do que livros, esta coleção oferece uma jornada de aprendizado estruturada, guiando o leitor da fundamentação teórica até a aplicação prática da governança de dados.

Aplicação Prática e Direta!

Empresas que adotam boas práticas de governança de dados têm 40% menos riscos de inconsistência em processos de tomada de decisão e aumentam em 30% a eficiência de suas operações de dados. Esta coleção ensina como aplicar governança na realidade corporativa.

Posicione-se à Frente do Mercado!

A cultura data-driven é um dos pilares da transformação digital. Profissionais que dominam a gestão da informação são cada vez mais valorizados em setores como bancos, saúde, tecnologia e serviços públicos.

Conecte Dados e Estratégia!

As organizações mais inovadoras do mundo – Amazon, Google, Microsoft e IBM – fundamentam suas operações em dados estruturados, semântica inteligente e governança robusta. Com essa coleção, você aprenderá como essas empresas transformam dados em vantagem competitiva.

Adapte-se ao Futuro da Informação!

Com a ascensão da Inteligência Artificial e da Web 3.0, a padronização semântica e a governança de dados se tornaram fundamentais para a interoperabilidade e confiabilidade das

12.3   Conheça os livros da Coleção.

12.3.1 FUNDAMENTOS DA GOVERNANÇA DE DADOS.

Descubra o poder oculto da governança de dados eficaz! Este livro revela os segredos que separam organizações de elite das medianas, oferecendo uma visão completa sobre modelagem, qualidade e frameworks essenciais como DAMA-DMBOK e ISO 8000.

Em um mundo onde dados ruins custam milhões, você não pode ignorar os fundamentos apresentados aqui. Aprenda a estruturar informações que garantem decisões precisas e confiáveis.

A revolução digital exige profissionais que dominem estas técnicas. Seja você quem lidera esta transformação ou ficará para trás. Invista agora no conhecimento que será seu diferencial competitivo e abra portas para oportunidades que outros sequer enxergam.

12.3.2 INFORMAÇÃO - CIÊNCIA DA INFORMAÇÃO – TECNOLOGIA – PROFISSÃO: CONCEITOS EXPLICADOS.

ALERTA: Enquanto você lê isto, 87% das carreiras estão sendo silenciosamente redefinidas pela revolução informacional! Este guia essencial revela os conceitos que separam líderes de seguidores na nova economia.

Desvende a verdadeira natureza da informação que as grandes organizações já exploram como vantagem competitiva. Entenda por que a Ciência da Informação se tornou o diferencial invisível dos profissionais mais requisitados.

As habilidades mais valorizadas do mercado estão aqui! Dominar estes conceitos não é opcional - é a diferença entre prosperar ou desaparecer profissionalmente.

Os visionários já perceberam: quem compreende estes fundamentos hoje controlará os recursos mais valiosos de amanhã. Invista agora no conhecimento que abrirá portas que outros nem saberão que existem!

12.3.3 INFORMAÇÃO DESCOMPLICADA - GLOSSÁRIO E RESPOSTAS ÀS PERGUNTAS FREQUENTES.

O dicionário secreto que os especialistas em dados não querem que você conheça! Desvende instantaneamente termos técnicos que bloqueiam seu avanço profissional e o impedem de participar das discussões estratégicas.

Enquanto outros gastam horas pesquisando conceitos como "data lineage" e "modelagem semântica", você terá respostas imediatas e exemplos práticos na ponta dos dedos. Este guia transforma confusão em clareza em segundos!

Imagine impressionar colegas e superiores com seu domínio sobre IA e governança de dados. As oportunidades que surgirão quando você falar com confiança a linguagem dos especialistas!

Não perca mais tempo tentando decifrar termos complexos. Invista agora neste atalho essencial para sua evolução profissional!

12.3.4 PALAVRAS E ABREVIATURAS PARA GOVERNANÇA DE BASES DE DADOS.

O dicionário técnico que todo profissional de dados precisa dominar para não ficar para trás! Enquanto seus colegas tropeçam em siglas como ETL, Data Mesh e GDPR, você terá respostas instantâneas que impressionarão líderes e equipes.

Imagine ter na ponta dos dedos definições precisas que transformam reuniões confusas em decisões estratégicas. Este guia essencial traduz a complexa linguagem da governança de dados em conhecimento acionável.

As empresas líderes já sabem: profissionais que dominam estes termos são os únicos capazes de navegar com segurança pelo labirinto regulatório moderno (ISO 8000, LGPD, Basel III).

Não arrisque sua carreira com lacunas de conhecimento em um campo onde precisão terminológica significa conformidade ou multas milionárias!

12.3.5 SEMÂNTICA E PODER DOS DADOS: CONSISTÊNCIA, GOVERNANÇA E PADRONIZAÇÃO.

Por que algumas empresas extraem bilhões de suas informações enquanto outras afundam em dados sem valor? Este guia essencial expõe como a semântica dos dados silenciosamente determina vencedores e perdedores na era digital.

Descubra como modelos RDF e OWL transformam dados caóticos em ouro estratégico. Enquanto amadores discutem volume de dados, profissionais visionários dominam a consistência semântica que impulsiona IA e análises preditivas precisas.

A Web 3.0 já está aqui e apenas organizações com governança semântica sobreviverão! Não arrisque ficar para trás enquanto seus concorrentes conquistam interoperabilidade perfeita entre sistemas.

Invista agora no conhecimento que separa líderes digitais de seguidores obsoletos!

12.3.6 ARQUITETURA DA INFORMAÇÃO: ESTRUTURANDO O CONHECIMENTO CORPORATIVO.

DESCUBRA por que algumas empresas extraem bilhões de suas informações enquanto outras afundam em dados sem valor! Este guia definitivo expõe como a arquitetura da informação silenciosamente determina os líderes de mercado.

Domine taxonomias e ontologias que transformam dados caóticos em decisões precisas. Enquanto seus concorrentes ainda debatem conceitos básicos, você implementará frameworks avançados como Data Fabric e Data Mesh já testados por organizações de elite.

Os CDOs mais bem-sucedidos já sabem: estruturar o conhecimento corporativo não é apenas uma vantagem técnica – é a diferença entre sobreviver ou liderar na economia digital.

Invista agora no conhecimento que transforma informação em seu ativo mais valioso!

12.3.7 ATIVOS OCULTOS – O DESAFIO DA GOVERNANÇA ALÉM DOS BANCOS DE DADOS.

Sua organização está deixando milhões em valor escondido nos dados que ninguém vê! Enquanto você foca apenas em bancos estruturados, a verdadeira vantagem competitiva permanece invisível em três tesouros ignorados: dados não estruturados, semiestruturados e conhecimento tácito de sua equipe.

Os líderes visionários já descobriram: quem mapeia e governa estes ativos ocultos domina o mercado silenciosamente. Este guia revolucionário revela métodos comprovados para transformar e-mails, documentos e a experiência de seus colaboradores em decisões estratégicas superiores.

A nova economia pertence a quem enxerga além das tabelas! Não arrisque ficar para trás enquanto seus concorrentes exploram riquezas informacionais que você nem percebe que possui.

Invista agora no conhecimento que transformará dados invisíveis em seu ativo mais valioso!

12.3.8 O FATOR HUMANO NA GOVERNANÇA DE DADOS.

Este livro inovador revela como pessoas e decisões conscientes podem transformar sua estratégia de dados. Com foco na cultura organizacional, ética e gestão da mudança, a obra é leitura obrigatória para Chief Data Officers, gestores, cientistas e analistas que desejam ir além dos frameworks técnicos.

Descubra como a maturidade da governança depende da compreensão profunda dos desafios éticos, da responsabilidade na democratização do acesso aos dados e da capacidade de liderança.

Este livro convida você a refletir e agir: coloque o ser humano no centro das decisões e conquiste resultados sólidos e sustentáveis.

12.3.9 Coleção ONTOLOGIA PARA GOVERNANÇA DE DADOS.

No universo corporativo atual, onde dados abundam, mas insights são escassos, a compreensão ontológica da informação emerge como a competência diferenciadora entre profissionais comuns e líderes visionários.

A coleção "Ontologia para Governança de Dados" do Prof. Marcão revela os paradigmas que estão revolucionando como organizações inovadoras estruturam e alavancam seus ativos de conhecimento. Cada volume conciso desdobra elementos cruciais deste campo - desde fundamentos filosóficos até implementações práticas - com aplicabilidade imediata.

Para CDOs e arquitetos, estes livros oferecem soluções para desafios de interoperabilidade semântica. Para cientistas de dados, revelam como estruturas ontológicas potencializam algoritmos de machine learning. Para executivos, apresentam o caminho para transformar dados fragmentados em conhecimento acionável.

Adquira agora a coleção e transforme-se no arquiteto do conhecimento que sua organização precisa.

A coleção é composta dos seguintes livros:

1 - FUNDAMENTOS DA ONTOLOGIA PARA GOVERNANÇA DE DADOS.

Explora como a estruturação semântica e a padronização da informação potencializam a qualidade, a interoperabilidade e a inteligência dos dados, tornando a governança mais eficiente e estratégica.

2 - APLICAÇÕES PRÁTICAS E METODOLOGIAS DE DESENVOLVIMENTO DE ONTOLOGIAS.

Apresenta estratégias e frameworks para modelagem semântica eficaz, garantindo interoperabilidade, padronização e inteligência na gestão e governança de dados.

3 - ESTUDOS DE CASO EM ENGENHARIA DE ONTOLOGIAS.

Aborda implementações reais de ontologias, demonstrando como a modelagem semântica transforma a governança de dados, a interoperabilidade e a inteligência organizacional em diferentes setores.

4 - ASPECTOS TÉCNICOS AVANÇADOS, FERRAMENTAS E O FUTURO DAS ONTOLOGIAS.

A obra se aprofunda nas tecnologias emergentes, frameworks e metodologias de ponta para desenvolvimento e gestão de ontologias, destacando tendências que moldarão a governança de dados e a inteligência artificial.

12.3.10 MONETIZAÇÃO E MODELOS DE NEGÓCIO BASEADOS EM INFORMAÇÃO.

Guia indispensável para entender como empresas, plataformas e governos estão lucrando com a economia dos dados. Voltado a executivos, especialistas em negócios digitais e pesquisadores, oferece estratégias poderosas para monetizar informações, destacando desafios éticos e regulatórios, inteligência artificial, blockchain e infraestrutura tecnológica essencial.

Aprenda com casos reais das maiores empresas do mundo e descubra como transformar dados em riqueza, criando vantagens competitivas sólidas, seguras e sustentáveis no cenário digital.

12.3.11 GUIA DE IMPLANTAÇÃO DE GOVERNANÇA DE DADOS.

Guia essencial para organizações que desejam implementar, na prática, uma governança de dados estruturada e eficiente.

Direcionado a gestores, analistas e profissionais de TI, o livro fornece um passo a passo detalhado: avalie rapidamente a maturidade atual, defina claramente papéis e responsabilidades criando um Data Governance Office (DGO), implemente políticas eficazes de acesso, privacidade e conformidade regulatória, além de aprender a monitorar resultados com métricas práticas.

Converta teoria em resultados reais e torne sua empresa referência em gestão estratégica de dados.

13 Coleção Big Data: Desvendando o Futuro dos Dados em uma Coleção Essencial.

A coleção "Big Data" foi criada para ser um guia indispensável para profissionais, estudantes e entusiastas que desejam navegar com confiança no vasto e fascinante universo dos dados. Em um mundo cada vez mais digital e interconectado, o Big Data não é apenas uma ferramenta, mas uma estratégia fundamental para a transformação de negócios, processos e decisões. Esta coleção se propõe a simplificar conceitos complexos e capacitar seus leitores a transformar dados em insights valiosos.

Cada volume da coleção aborda um componente essencial dessa área, combinando teoria e prática para oferecer uma compreensão ampla e integrada. Você encontrará temas como:

Além de explorar os fundamentos, a coleção também se projeta para o futuro, com discussões sobre tendências emergentes, como a integração de inteligência artificial, análise de texto e a governança em ambientes cada vez mais dinâmicos e globais.

Seja você um gestor buscando maneiras de otimizar processos, um cientista de dados explorando novas técnicas ou um iniciante curioso para entender o impacto dos dados no cotidiano, a coleção Big Data é a parceira ideal nessa jornada. Cada livro foi desenvolvido com uma linguagem acessível, mas tecnicamente sólida, permitindo que leitores de todos os níveis avancem em suas compreensões e habilidades.

Prepare-se para dominar o poder dos dados e se destacar em um mercado que não para de evoluir. A coleção Big Data está disponível na Amazon e é a chave para desvendar o futuro da inteligência impulsionada por dados.

13.1 Por Que Esta Coleção é Essencial Para Você?

A coleção Big Data foi concebida para atender a um público diverso, que compartilha o objetivo de entender e aplicar o poder dos dados em um mundo cada vez mais orientado por informações. Seja você um profissional experiente ou alguém começando sua jornada na área de tecnologia e dados, esta coleção oferece insights valiosos, exemplos práticos e ferramentas indispensáveis.

1. Profissionais de Tecnologia e Dados.

Cientistas de dados, engenheiros de dados, analistas e desenvolvedores encontrarão na coleção os fundamentos necessários para dominar conceitos como Big Data Analytics, computação distribuída, Hadoop e ferramentas avançadas. Cada volume aborda tópicos técnicos de forma prática, com explicações claras e exemplos que podem ser aplicados no dia a dia.

2. Gestores e Líderes Organizacionais.

Para líderes e gestores, a coleção oferece uma visão estratégica sobre como implementar e gerenciar projetos de Big Data. Os livros mostram como utilizar dados para otimizar processos, identificar oportunidades e tomar decisões embasadas. Exemplos reais ilustram como empresas têm usado o Big Data para transformar seus negócios em setores como varejo, saúde e meio ambiente.

3. Empreendedores e Pequenas Empresas.

Empreendedores e donos de pequenas empresas que desejam alavancar o poder dos dados para melhorar sua competitividade também podem se beneficiar. A coleção apresenta estratégias práticas para usar o Big Data de forma escalável, desmistificando a ideia de que essa tecnologia é exclusiva para grandes corporações.

4. Estudantes e Iniciantes na Área.

Se você é um estudante ou está começando a explorar o universo do Big Data, esta coleção é o ponto de partida perfeito. Com uma linguagem acessível e exemplos práticos, os livros tornam conceitos complexos mais compreensíveis, preparando você para mergulhar mais fundo na ciência de dados e na inteligência artificial.

5. Curiosos e Entusiastas de Tecnologia.

Para aqueles que, mesmo fora do ambiente corporativo ou acadêmico, têm interesse em entender como o Big Data está moldando o mundo, a coleção oferece uma introdução fascinante e educativa. Descubra como os dados estão transformando áreas tão diversas quanto saúde, sustentabilidade e comportamento humano.

Independentemente do seu nível de conhecimento ou do setor em que atua, a coleção Big Data foi criada para capacitar seus leitores com informações práticas, tendências emergentes e uma visão abrangente sobre o futuro dos dados. Se você busca compreender e aplicar o poder do Big Data para crescer profissionalmente ou transformar seu negócio, esta coleção é para você. Disponível na Amazon, ela é o guia essencial para dominar o impacto dos dados na era digital.

13.2   Conheça os livros da Coleção.

13.2.1 SIMPLIFICANDO O BIG DATA EM 7 CAPÍTULOS.

Este livro é um guia essencial para quem deseja compreender e aplicar os conceitos fundamentais do Big Data de forma clara e prática. Em um formato direto e acessível, o livro aborda desde os pilares teóricos, como os 5 Vs do Big Data, até ferramentas e técnicas modernas, incluindo Hadoop e Big Data Analytics.

Explorando exemplos reais e estratégias aplicáveis em áreas como saúde, varejo e meio ambiente, esta obra é ideal para profissionais de tecnologia, gestores, empreendedores e estudantes que buscam transformar dados em insights valiosos.

Com uma abordagem que conecta teoria e prática, este livro é o ponto de partida perfeito para dominar o universo do Big Data e alavancar suas possibilidades.

13.2.2 GESTÃO DE BIG DATA.

Este livro oferece uma abordagem prática e abrangente para atender a um público diversificado, desde analistas iniciantes a gestores experientes, estudantes e empreendedores.

Com foco na gestão eficiente de grandes volumes de informações, esta obra apresenta análises profundas, exemplos reais, comparações entre tecnologias como Hadoop e Apache Spark, e estratégias práticas para evitar armadilhas e impulsionar o sucesso.

Cada capítulo é estruturado para fornecer insights aplicáveis, desde os fundamentos até ferramentas avançadas de análise.

13.2.3 ARQUITETURA DE BIG DATA.

Este livro destina-se a um público diversificado, incluindo arquitetos de dados que precisam construir plataformas robustas, analistas que desejam entender como camadas de dados se integram e executivos que buscam embasamento para decisões informadas. Estudantes e pesquisadores em ciência da computação, engenharia de dados e administração também encontrarão aqui uma referência sólida e atualizada.

O conteúdo combina abordagem prática e rigor conceitual. Você será guiado desde os fundamentos, como os 5 Vs do Big Data, até a complexidade das arquiteturas em camadas, abrangendo infraestrutura, segurança, ferramentas analíticas e padrões de armazenamento como Data Lake e Data Warehouse.

Além disso, exemplos claros, estudos de caso reais e comparações tecnológicas ajudarão a transformar conhecimento teórico em aplicações práticas e estratégias eficazes.

13.2.4 IMPLEMENTAÇÃO DE BIG DATA.

Este volume foi cuidadosamente elaborado para ser um guia prático e acessível, conectando a teoria à prática para profissionais e estudantes que desejam dominar a implementação estratégica de soluções de Big Data.

Ele aborda desde a análise de qualidade e integração de dados até temas como processamento em tempo real, virtualização, segurança e governança, oferecendo exemplos claros e aplicáveis.

13.2.5 ESTRATÉGIAS PARA REDUZIR CUSTOS E MAXIMIZAR INVESTIMENTOS DE BIG DATA.

Com uma abordagem prática e fundamentada, esta obra oferece análises detalhadas, estudos de caso reais e soluções estratégicas para gestores de TI, analistas de dados, empreendedores e profissionais de negócios.

Este livro é um guia indispensável para entender e otimizar os custos associados à implementação de Big Data, abordando desde armazenamento e processamento até estratégias específicas para pequenas empresas e análise de custos em nuvem.

Como parte da coleção "Big Data", ele se conecta a outros volumes que exploram profundamente as dimensões técnicas e estratégicas do campo, formando uma biblioteca essencial para quem busca dominar os desafios e oportunidades da era digital.

13.2.6 Coleção 700 perguntas de Big Data.

Esta coleção foi projetada para proporcionar um aprendizado dinâmico, desafiador e prático. Com 700 perguntas estrategicamente elaboradas e distribuídas em 5 volumes, ela permite que você avance no domínio do Big Data de forma progressiva e engajante. Cada resposta é uma oportunidade de expandir sua visão e aplicar conceitos de maneira realista e eficaz.

A coleção é composta dos seguintes livros:

1   BIG DATA: 700 PERGUNTAS - VOLUME 1.

Trata da informação como matéria-prima de tudo, dos conceitos fundamentais e das aplicações de Big Data.

2   BIG DATA: 700 PERGUNTAS - VOLUME 2.

Aborda o Big Data no contexto da ciência da informação, tendências tecnológicas de dados e analytcs, Augmented analytics, inteligência contínua, computação distribuída e latência.

3   BIG DATA: 700 PERGUNTAS - VOLUME 3.

Contempla os aspectos tecnológicos e de gestão do Big Data, data mining, árvores de classificação, regressão logística e profissões no contexto do Big Data.

4   BIG DATA: 700 PERGUNTAS - VOLUME 4.

Trata dos requisitos para gestão de Big Data, as estruturas de dados utilizadas, as camadas da arquitetura e de armazenamento, Business intelligence no contexto do Big Data e virtualização de aplicativos.

5   BIG DATA: 700 PERGUNTAS - VOLUME 5.

O livro trata de SAAS, IAAS E PAAS, implementação de Big Data, custos gerais e ocultos, Big Data para pequenas empresas, segurança digital e data warehouse no contexto do Big Data.

13.2.7 GLOSSÁRIO DE BIG DATA.

Obra essencial para entender e dominar o universo do Big Data, oferecendo clareza prática sobre termos técnicos fundamentais. Com definições objetivas, exemplos reais e organização intuitiva, este glossário facilita a transformação de conceitos complexos em insights estratégicos.

Ideal para desenvolvedores, engenheiros de dados, gestores e curiosos que desejam explorar o potencial transformador dos dados, elevando rapidamente sua compreensão e tornando você mais competitivo em um mercado cada vez mais orientado por informação.

14 Descubra a Coleção "Inteligência Artificial e o Poder dos Dados" – Um Convite para Transformar sua Carreira e Conhecimento.

A Coleção "Inteligência Artificial e o Poder dos Dados" foi criada para quem deseja não apenas entender a Inteligência Artificial (IA), mas também aplicá-la de forma estratégica e prática.

Em uma série de volumes cuidadosamente elaborados, desvendo conceitos complexos de maneira clara e acessível, garantindo ao leitor uma compreensão completa da IA e de seu impacto nas sociedades modernas.

Não importa seu nível de familiaridade com o tema: esta coleção transforma o difícil em didático, o teórico em aplicável e o técnico em algo poderoso para sua carreira.

14.1 Por Que Comprar Esta Coleção?

Estamos vivendo uma revolução tecnológica sem precedentes, onde a IA é a força motriz em áreas como medicina, finanças, educação, governo e entretenimento.

A coleção "Inteligência Artificial e o Poder dos Dados" mergulha profundamente em todos esses setores, com exemplos práticos e reflexões que vão muito além dos conceitos tradicionais.

Você encontrará tanto o conhecimento técnico quanto as implicações éticas e sociais da IA incentivando você a ver essa tecnologia não apenas como uma ferramenta, mas como um verdadeiro agente de transformação.

Cada volume é uma peça fundamental deste quebra-cabeça inovador: do aprendizado de máquina à governança de dados e da ética à aplicação prática.

Com a orientação de um autor experiente, que combina pesquisa acadêmica com anos de atuação prática, esta coleção é mais do que um conjunto de livros – é um guia indispensável para quem quer navegar e se destacar nesse campo em expansão.

14.2   Para quem é esta Coleção?

Esta coleção é para todos que desejam ter um papel de destaque na era da IA:

✓ Profissionais da Tecnologia: recebem insights técnicos profundos para expandir suas habilidades.

✓ Estudantes e Curiosos: têm acesso a explicações claras que facilitam o entendimento do complexo universo da IA.

✓ Gestores, líderes empresariais e formuladores de políticas também se beneficiarão da visão estratégica sobre a IA, essencial para a tomada de decisões bem-informadas.

✓ Profissionais em Transição de Carreira: Profissionais em transição de carreira ou interessados em se especializar em IA encontram aqui um material completo para construir sua trajetória de aprendizado.

14.3   Muito Mais do Que Técnica – Uma Transformação Completa.

Esta coleção não é apenas uma série de livros técnicos; é uma ferramenta de crescimento intelectual e profissional.

Com ela, você vai muito além da teoria: cada volume convida a uma reflexão profunda sobre o futuro da humanidade em um mundo onde máquinas e algoritmos estão cada vez mais presentes.

Seja um líder em seu setor, domine as habilidades que o mercado exige e prepare-se para o futuro com a coleção "Inteligência Artificial e o Poder dos Dados".

15 Os Livros da Coleção.

15.1 DADOS, INFORMAÇÃO E CONHECIMENTO NA ERA DA INTELIGÊNCIA ARTIFICIAL.

Este livro explora de forma essencial as bases teóricas e práticas da Inteligência Artificial, desde a coleta de dados até sua transformação em inteligência. Ele foca, principalmente, no aprendizado de máquina, no treinamento de IA e nas redes neurais.

15.2 DOS DADOS EM OURO: COMO TRANSFORMAR INFORMAÇÃO EM SABEDORIA NA ERA DA IA.

Este livro oferece uma análise crítica sobre a evolução da Inteligência Artificial, desde os dados brutos até a criação de sabedoria artificial, integrando redes neurais, aprendizado profundo e modelagem de conhecimento.

Apresenta exemplos práticos em saúde, finanças e educação, e aborda desafios éticos e técnicos.

15.3 DESAFIOS E LIMITAÇÕES DOS DADOS NA IA.

O livro oferece uma análise profunda sobre o papel dos dados no desenvolvimento da IA explorando temas como qualidade, viés, privacidade, segurança e escalabilidade com estudos de caso práticos em saúde, finanças e segurança pública.

15.4 DADOS HISTÓRICOS EM BASES DE DADOS PARA IA: ESTRUTURAS, PRESERVAÇÃO E EXPURGO.

Este livro investiga como a gestão de dados históricos é essencial para o sucesso de projetos de IA. Aborda a relevância das normas ISO para garantir qualidade e segurança, além de analisar tendências e inovações no tratamento de dados.

15.5 VOCABULÁRIO CONTROLADO PARA DICIONÁRIO DE DADOS: UM GUIA COMPLETO.

Este guia completo explora as vantagens e desafios da implementação de vocabulários controlados no contexto da IA e da ciência da informação. Com uma abordagem detalhada, aborda desde a nomeação de elementos de dados até as interações entre semântica e cognição.

15.6 CURADORIA E ADMINISTRAÇÃO DE DADOS PARA A ERA DA IA.

Esta obra apresenta estratégias avançadas para transformar dados brutos em insights valiosos, com foco na curadoria meticulosa e administração eficiente dos dados. Além de soluções técnicas, aborda questões éticas e legais, capacitando o leitor a enfrentar os desafios complexos da informação.

15.7 ARQUITETURA DE INFORMAÇÃO.

A obra aborda a gestão de dados na era digital, combinando teoria e prática para criar sistemas de IA eficientes e escaláveis, com insights sobre modelagem e desafios éticos e legais.

15.8 FUNDAMENTOS: O ESSENCIAL PARA DOMINAR A INTELIGÊNCIA ARTIFICIAL.

Uma obra essencial para quem deseja dominar os conceitos-chave da IA, com uma abordagem acessível e exemplos práticos.

O livro explora inovações como Machine Learning e Processamento de Linguagem Natural, além dos desafios éticos e legais e oferece uma visão clara do impacto da IA em diversos setores.

15.9 LLMS - MODELOS DE LINGUAGEM DE GRANDE ESCALA.

Este guia essencial ajuda a compreender a revolução dos Modelos de Linguagem de Grande Escala (LLMs) na IA.

O livro explora a evolução dos GPTs e as últimas inovações em interação humano-computador, oferecendo insights práticos sobre seu impacto em setores como saúde, educação e finanças.

15.10 MACHINE LEARNING: FUNDAMENTOS E AVANÇOS.

Este livro oferece uma visão abrangente sobre algoritmos supervisionados e não supervisionados, redes neurais profundas e aprendizado federado. Além de abordar questões de ética e explicabilidade dos modelos.

15.11 POR DENTRO DAS MENTES SINTÉTICAS.

Este livro revela como essas 'mentes sintéticas' estão redefinindo a criatividade, o trabalho e as interações humanas. Esta obra apresenta uma análise detalhada dos desafios e oportunidades proporcionados por essas tecnologias, explorando seu impacto profundo na sociedade.

15.12 A QUESTÃO DOS DIREITOS AUTORAIS.

Este livro convida o leitor a explorar o futuro da criatividade em um mundo onde a colaboração entre humanos e máquinas é uma realidade, abordando questões sobre autoria, originalidade e propriedade intelectual na era das IAs generativas.

15.13 1121 PERGUNTAS E RESPOSTAS: DO BÁSICO AO COMPLEXO– PARTE 1 A 4.

Organizadas em quatro volumes, estas perguntas servem como guias práticos essenciais para dominar os principais conceitos da IA.

A Parte 1 aborda informação, dados, geoprocessamento, a evolução da inteligência artificial, seus marcos históricos e conceitos básicos.

A Parte 2 aprofunda-se em conceitos complexos como aprendizado de máquina, processamento de linguagem natural, visão computacional, robótica e algoritmos de decisão.

A Parte 3 aborda questões como privacidade de dados, automação do trabalho e o impacto de modelos de linguagem de grande escala (LLMs).

Parte 4 explora o papel central dos dados na era da inteligência artificial, aprofundando os fundamentos da IA e suas aplicações em áreas como saúde mental, governo e combate à corrupção.

15.14 O GLOSSÁRIO DEFINITIVO DA INTELIGÊNCIA ARTIFICIAL.

Este glossário apresenta mais de mil conceitos de inteligência artificial explicados de forma clara, abordando temas como Machine Learning, Processamento de Linguagem Natural, Visão Computacional e Ética em IA.

- A parte 1 contempla conceitos iniciados pelas letras de A a D.
- A parte 2 contempla conceitos iniciados pelas letras de E a M.
- A parte 3 contempla conceitos iniciados pelas letras de N a Z.

15.15 ENGENHARIA DE PROMPT - VOLUMES 1 A 6.

Esta coleção abrange todos os fundamentos da engenharia de prompt, proporcionando uma base completa para o desenvolvimento profissional.

Com uma rica variedade de prompts para áreas como liderança, marketing digital e tecnologia da informação, oferece exemplos práticos para melhorar a clareza, a tomada de decisões e obter insights valiosos.

Os volumes abordam os seguintes assuntos:

- Volume 1: Fundamentos. Conceitos Estruturadores e História da Engenharia de Prompt.
- Volume 2: Segurança e Privacidade em IA.
- Volume 3: Modelos de Linguagem, Tokenização e Métodos de Treinamento.

- Volume 4: Como Fazer Perguntas Corretas.
- Volume 5: Estudos de Casos e Erros.
- Volume 6: Os Melhores Prompts.

15.16 GUIA PARA SER UM ENGENHEIRO DE PROMPT – VOLUMES 1 E 2.

A coleção explora os fundamentos avançados e as habilidades necessárias para ser um engenheiro de prompt bem-sucedido, destacando os benefícios, riscos e o papel crítico que essa função desempenha no desenvolvimento da inteligência artificial.

O Volume 1 aborda a elaboração de prompts eficazes, enquanto o Volume 2 é um guia para compreender e aplicar os fundamentos da Engenharia de Prompt.

15.17 GOVERNANÇA DE DADOS COM IA – VOLUMES 1 A 3.

Descubra como implementar uma governança de dados eficaz com esta coleção abrangente. Oferecendo orientações práticas, esta coleção abrange desde a arquitetura e organização de dados até a proteção e garantia de qualidade, proporcionando uma visão completa para transformar dados em ativos estratégicos.

O volume 1 aborda as práticas e regulações. O volume 2 explora em profundidade os processos, técnicas e melhores práticas para realizar auditorias eficazes em modelos de dados. O volume 3 é seu guia definitivo para implantação da governança de dados com IA.

15.18 GOVERNANÇA DE ALGORITMOS.

Este livro analisa o impacto dos algoritmos na sociedade, explorando seus fundamentos e abordando questões éticas e regulatórias. Aborda transparência, accountability e vieses, com soluções práticas para auditar e monitorar algoritmos em setores como finanças, saúde e educação.

15.19 DE PROFISSIONAL DE TI PARA EXPERT EM IA: O GUIA DEFINITIVO PARA UMA TRANSIÇÃO DE CARREIRA BEM-SUCEDIDA.

Para profissionais de Tecnologia da Informação, a transição para a IA representa uma oportunidade única de aprimorar habilidades e contribuir para o desenvolvimento de soluções inovadoras que moldam o futuro.

Neste livro, investigamos os motivos para fazer essa transição, as habilidades essenciais, a melhor trilha de aprendizado e as perspectivas para o futuro do mercado de trabalho em TI.

15.20 LIDERANÇA INTELIGENTE COM IA: TRANSFORME SUA EQUIPE E IMPULSIONE RESULTADOS.

Este livro revela como a inteligência artificial pode revolucionar a gestão de equipes e maximizar o desempenho organizacional.

Combinando técnicas de liderança tradicionais com insights proporcionados pela IA, como a liderança baseada em análise preditiva, você aprenderá a otimizar processos, tomar decisões mais estratégicas e criar equipes mais eficientes e engajadas.

15.21 IMPACTOS E TRANSFORMAÇÕES: COLEÇÃO COMPLETA.

Esta coleção oferece uma análise abrangente e multifacetada das transformações provocadas pela Inteligência Artificial na sociedade contemporânea.

- Volume 1: Desafios e Soluções na Detecção de Textos Gerados por Inteligência Artificial.
- Volume 2: A Era das Bolhas de Filtro. Inteligência Artificial e a Ilusão de Liberdade.
- Volume 3: Criação de Conteúdo com IA - Como Fazer?
- Volume 4: A Singularidade Está Mais Próxima do que Você Imagina.
- Volume 5: Burrice Humana versus Inteligência Artificial.
- Volume 6: A Era da Burrice! Um Culto à Estupidez?
- Volume 7: Autonomia em Movimento: A Revolução dos Veículos Inteligentes.
- Volume 8: Poiesis e Criatividade com IA.
- Volume 9: Dupla perfeita: IA + automação.
- Volume 10: Quem detém o poder dos dados?

15.22 BIG DATA COM IA: COLEÇÃO COMPLETA.

A coleção aborda desde os fundamentos tecnológicos e a arquitetura de Big Data até a administração e o glossário de termos técnicos essenciais.

A coleção também discute o futuro da relação da humanidade com o enorme volume de dados gerados nas bases de dados de treinamento em estruturação de Big Data.

- Volume 1: Fundamentos.
- Volume 2: Arquitetura.
- Volume 3: Implementação.
- Volume 4: Administração.
- Volume 5: Temas Essenciais e Definições.
- Volume 6: Data Warehouse, Big Data e IA.

16 Sobre o Autor.

Sou Marcus Pinto, mais conhecido como Prof. Marcão, especialista em tecnologia da informação, arquitetura da informação e inteligência artificial.

Com mais de quatro décadas de atuação e pesquisa dedicadas, construí uma trajetória sólida e reconhecida, sempre focada em tornar o conhecimento técnico acessível e aplicável a todos os que buscam entender e se destacar nesse campo transformador.

Minha experiência abrange consultoria estratégica, educação e autoria, além de uma atuação extensa como analista de arquitetura de informação.

Essa vivência me capacita a oferecer soluções inovadoras e adaptadas às necessidades em constante evolução do mercado tecnológico, antecipando tendências e criando pontes entre o saber técnico e o impacto prático.

Ao longo dos anos, desenvolvi uma expertise abrangente e aprofundada em dados, inteligência artificial e governança da informação – áreas que se tornaram essenciais para a construção de sistemas robustos e seguros, capazes de lidar com o vasto volume de dados que molda o mundo atual.

Minha coleção de livros, disponível na Amazon, reflete essa expertise, abordando temas como Governança de Dados, Big Data e Inteligência Artificial com um enfoque claro em aplicações práticas e visão estratégica.

Autor de mais de 150 livros, investigo o impacto da inteligência artificial em múltiplas esferas, explorando desde suas bases técnicas até as questões éticas que se tornam cada vez mais urgentes com a adoção dessa tecnologia em larga escala.

Em minhas palestras e mentorias, compartilho não apenas o valor da IA, mas também os desafios e responsabilidades que acompanham sua implementação – elementos que considero essenciais para uma adoção ética e consciente.

Acredito que a evolução tecnológica é um caminho inevitável. Meus livros são uma proposta de guia nesse trajeto, oferecendo insights profundos e acessíveis para quem deseja não apenas entender, mas dominar as tecnologias do futuro.

Com um olhar focado na educação e no desenvolvimento humano, convido você a se unir a mim nessa jornada transformadora, explorando as possibilidades e desafios que essa era digital nos reserva.

17 Como Contatar o Prof. Marcão.

17.1   Para palestras, treinamento e mentoria empresarial.

marcao.tecno@gmail.com

17.2   Prof. Marcão, no Linkedin.

https://bit.ly/linkedin_profmarcao

www.ingramcontent.com/pod-product-compliance
Lightning Source LLC
La Vergne TN
LVHW051443050326
832903LV00030BD/3222